휴가지에서 읽는 철학책

❙ 일러두기

이 책의 각주는 모두 옮긴이가 붙인 것입니다.
본문에 언급되는 문헌의 제목은 국내 출간 도서일 경우 국내판 제목으로,
국내 미출간 도서일 경우 국문 번역명과 원서 제목을 함께 표기하였습니다.

휴가지에서 읽는
철학책

떠남과 휴休,
그리고 나의 시간

장 루이 시아니 지음 | 양영란 옮김

쌤앤
파커스

목차

해변에서의 서문

오래전부터 고심했다. 마침내 갈 곳을 정했고 체류 일정을 짰으며, 계산기를 두드려보고 셈을 했다. 소지품을 챙기고, 가방을 싸고, 짐 가방을 트렁크에 실음으로써 준비를 끝냈다. 빨간 날이나 까만 날[1]에 사람들이 득실대는 기차를 타거나, 몽유병 환자처럼 장시간 자동차를 몰았다.

드디어 그곳에 도착했다. 오랫동안 꿈꾸고 그토록 그리던 바로 그 바닷가. 비치볼을 하고, 제트스키를 몰아보기도 하고, 수영도 하고, 노닥거리며 한눈을 팔기도 하고, 낮잠을 잘 수도 있다. 하고 싶은 모든 일을 할 수 있다. 말하자면, 우리는 이 바닷가에서 거의 완벽하게 '철학'을 할 수 있다.

그러기 위해서는 우선, 바캉스를 떠난 사람이 자기 몸에 하듯이, 그러니까 일상에서 걸치고 있던 갑갑한 옷을 모두 벗어던지는 것처럼 철학을 대해야 한다. 메마른 추론, 문화적 가식, 애매한 용어 따위를 걷어내고 가장 값지고 본질적

---

1   프랑스에서는 사람들이 몰려 철도나 항공 요금이 가장 비싼 기간을 빨간 색, 그보다는 덜하지만 그래도 수요가 많은 기간을 검은 색, 제일 한가한 기간을 파란 색으로 표기한다.

이고 영원한 것들만 남기는 것이다. 이처럼 옷을 훌훌 벗어 던지는 여름철 행락객의 태도에서, 태양이 작열하는 고대 그리스의 충동적인 기운이 느껴진다. 이제 그 기운의 으뜸가는 목표를 실행에 옮길 참이다. 즉, 인간을 궁극적으로 좀 더 명철하고 자유롭고 행복한 존재로 만들겠다는 목적을 지닌 삶의 기술을 펼쳐볼까 한다.

세상에 처음으로 모습을 드러내던 무렵, 철학은 우리의 여름 휴가철을 수놓는 싱그러운 물방울과 같은 면모를 지니고 있었다. 즉, 철학은 경이로움을 품을 줄 알고, 사랑하고 읽고 쓰고 대화하고 걷는 일 따위에 몰두했다. 철학을 한다는 것은 이론적 체계를 구축하는 일이 아니라, 자기 자신을 돌아보고 불행의 가능성을 예견하며, 거리감을 유지하고 친구를 위로하는 등의 개별적 사유활동이었다. 이제 그 활동 목록은 오랜 시간을 거치면서 꽤 두툼해졌다. 바로 이 목록이 존재함으로써 오늘날 우리는 적극적이고 생산적인 사색 방식에 힘입어 사유와 욕망, 행동지침, 요컨대 우리의 '삶 전체'를 조직할 수 있다.

철학은 기나긴 시간이 흐르는 동안 인류의 바닷가에 다양한 퇴적물을 쌓아놓았다. 예컨대, 회의(懷疑), 종교, 권력에 대한 비판적 검토, 공생의 모색, 허무주의 거부 등을 말이다. 본래부터 철학은 늘 인간과 동행했다. 암중모색(暗中摸索)인가 하면 환한 빛 속으로 나아가고, 억압에서 해방되는가 하면 퇴행하기도 하는… 그러한 인간이 형이상학적 열망을 내비칠 때에도, 고만고만한 업적을 쌓을 때에도 철학은 늘 동행해왔다. 그러면서도 철학이 인간 위에 군림하려 들지 않는 것은, 인간이 자유로운 존재임을 수긍하고 옹호하기 때문이다.

우리는 피로와 언론 중독, 소비지상주의 행태 등으로 점철된 일상에서 '지바로족의 머리[2]'가 되어가고 있다. 사유하는 취미와 즐거움을 잃어버리고, 세상과 타인을 포용하는 법을 잊어가고 있다. 우리는 방향을 상실한 채 길을 잃어버린 슬픈 존재들이다. 우리는 우리 자신이기를 포기하고 있다.

하지만 여름이 찾아오면, 그런 우리에게도 기회가 주어진다. 환멸의 벽에 균열을 만들어, 좀 더 많은 자유와 명석함을 얻기 위해 길을 터볼 수 있으니 말이다. 우리가 원하고 사랑하는 것이 무엇인지, 과연 우리 자신은 어떤 존재인지 등이 좀 더 분명해지면서 그러한 문제에 접근도 훨씬 쉬워질

---

2   남아프리카에 거주하는 지바로 부족이 의식용으로 사용하는 쭈그러든 머리.

수 있다. 우리를 소외시키는 요인들을 잠시나마 물리칠 수 있다.

바로 그런 까닭에, 여름철을 위한 이 작은 철학책은 '휴가를 사유 안'에, 또는 '사유를 휴가 안'에 슬쩍 밀어 넣을 것이다. 벼르고 별러서 마침내 찾아온 이 해변에서 사색뿐 아니라 실천의 장이 열리게 될 것이고, 그럼으로써 급진적인 독창성을 가진 철학이 펼쳐지게 될 것이다. 거기엔 결정적 진리나 확고부동한 확신 따위는 없다. 순수한 행복의 요령도 존재하지 않는다. 다만 우리는 모래와 거품이 이는 파도 사이에서, 태양 아래 정지된 시간 속에서, 우리의 인간조건이 있는 그대로 드러나는 순간들을 새로이 발견하게 될 것이다.

그러한 깨달음은 모호한 황홀경이나 교리 입문 따위의 형태로 이루어지지는 않을 것이다. 그저 자기 자신이 되고 인간다운 인간이 되는 것으로 충분할 것이고, 이는 결코 일반화할 수 없는 개별적인 경험이 될 것이다. 물론 모두가 그와 같은 것을 체험한다고 해서 저마다의 경험이 지니는 유일무이함이 사라지는 건 아니다. 하지만 그러기 위해서는 훈련이 필요하다. 이 책에서 제안하는 철학 연습들은 액면 그대로 따라야 하는 경직된 모델은 아니지만 그래도 각자의 부단한 실천, 개개인의 평가와 수정이 요구된다.

'연습'이란 말을 좀 더 분명히 해둬야 할 필요가 있다. 여기서의 연습이란, 예컨대 어린 학생이 방학숙제로 연습문제를 풀 듯 힘을 쏟는 것을 의미하지 않는다. 물론 삶을 산다는 것도 학습인지라, 아이가 어른이 되기 위해서는 그에 입문시켜줄 스승과 같은 존재가 필요하긴 하다. 하지만 삶이란 것은 자유롭고 개방적인 자아의 경험이 쌓여가면서 진행되는 것이다. 게다가 이렇게 삶을 이루는 개인적 경험과 그에 대한 원리, 사용법 등을 말해주는 책 같은 것은 존재하지 않는다. 이 같은 '연습'이 삶과 결부되려면, 1차적인 의미에서의 금욕, 그리고 조금 성급한 감이 없지 않으나 금욕주의가 전제되어야 한다.

하지만 이 책에서는 그러한 면면들이 전혀 등장하지 않는다. 다만 자신의 삶에 대해 사유하고 여름 휴가철 휴식을 맞이하여 좀 더 나은 삶을 찾고자 하는 목적에서 수립된 프로그램 내지는, 일종의 ⑶발견 트레이닝 방법만 제시해보려 한다. 요컨대 몇몇 실천방안, 또는 앞으로 더욱 발전시켜야 할 사색의 주제들을 암시할 따름이다.

해변에서 철학하기. 이 제안은 철학하는 장소 자체보다, 철학하는 '방식'을 염두에 둔 말이다. 이를테면, '끊임없이' 철학하기, '인간의 눈높이에서' 철학하기라는 말에 좀 더 가깝다. 마치 여름날 저녁, 해수욕과 식전주 사이쯤 예고 없이 문득 찾아드는 충만한 순간처럼, 부담 없이 가볍고 짧게, 재빠르게 이루어지는 사색의 연습이라고나 할까. 폴 발레리 (Paul Valéry)가 말한 것처럼, 그 사색이 모든 철학 행위가 개화하는 '탄생의 순간'에 자리 잡기를 바랄 뿐이다. 사색의 문이 열리고 시작되는 바로 그 순간 말이다. 그 사색이 우리를 재충전시키고, 우리를 우리 자신으로 탄생하고 또 재탄생하도록 도와주는 것을 목표로 삼을 따름이다. 이렇게 태양의 사색을 갈무리함으로써, 우리는 세상의 겨울을 이겨낼 수 있게 될 것이다.

섭씨 30도의 열기 속에 수평선을 바라보며, 나는 독자들이 겁먹지 않고 잠시 동안 사색을 즐기면서 그 목록을 넓혀가고 곳간을 채워가길 희망한다. 나는 기꺼이 도전해보련다.

이 여름을 활용하여, 이완과 기분전환, 자양분과 다채로운 색채를 우리 몸에 제공하듯이, 이제 우리의 정신에도 그와 같은 것들을 제공해보자.

프랑스의 어느 해변가에서
장 루이 시아니

떠난다

떠나기. 우리는 그것만 학수고대해왔다. 서류뭉치를 덮고 컴퓨터를 끄고 책상, 작업실 혹은 가게를 정리한다. 그러고 나서 집에서 소지품을 챙기고 짐을 쌌다가 풀르고 서류를 확인하고 주변을 정돈한다. 짜릿함이 느껴지는 가운데 걱정이 들기도 한다. 시간은 늘 부족하기 마련이다. 모든 준비가 철저히 되었다는 마음은 한 번도 든 적이 없다. 출발하려고 하면 어김없이 전화할 곳이 생각나고 시간이 지체된다. 급히 처리해야 할 일도 생긴다. 당황스럽게도.

떠나기. 홀쩍 떠난다는 생각이 들면서 겨울과도 같았던 슬픈 나날들에 모처럼 찬란한 햇빛이 감돈다. 떠난다는 말에 깃든 신선하고 낭랑한 음절에, 그동안 힘들었던 노동의 시간들마저 찬란하게 승화된다. 머릿속에서 '떠-남'이란 단어를 두 음절로 가를 때, 이 두 음절은 수천 가지 궤적, 수천 가지 여정으로 울려 퍼진다. '떠남'은 해로울 것 없는 유혹이자, 언제나 새로 시작하는 출발점이다. 우리 삶에 없어서는 안

될 욕망이다.

우리는 각자 여행에 대해 나름의 생각과 철학을 가지고 있다. 우리는 여기 아닌 다른 곳은 어떤지 보기 위해 길을 떠난다. 기분전환을 위해, 장소를 바꿔볼 요량으로, 또는 다른 곳에서 살아보기 위해 떠나기도 한다. 그곳은 산일 수도 있고 도시, 도로일 수도 있고 바다일 수도 있다. 이 모든 곳이 가치 있는 장소라고 말할 수는 없지만, 우리가 그곳에 가기로 한 이상 가치를 갖는다.

'떠남'은 보다 나은 곳을 꿈꾸는 우리의 몽상과 이상 속에서 시작된다. 우리의 몽상 속에 깃든 그곳은 추운 겨울 내내 끈덕지게 계속된 오랜 준비를 거치면서 '떠남'의 목적지가 된다.

한편, 생각을 바꾸거나 교양을 쌓기 위해, 혹은 또 다른 역사를 배우거나 오래되고 잊힌 다른 문화를 접하기 위해 길을 떠나기도 한다. 여행은 우리가 이미 알고 있는 것을 더욱 깊이 알아가는 학교이기도 하다. 이 학교에서 우리는 모르던 것에 눈을 뜨기도 하고, 그간의 게으름이나 청소년기의 반항을 거뜬히 극복하기도 한다.

그런가 하면 우리는 만남을 위해, 다른 사람들과 뒤섞여 그들의 어려움을 접하고 그들의 기대와 열망을 이해하기 위해 떠나기도 한다. 우리는 기꺼이 그들의 언어를 말하고, 그들의 음식을 맛보며, 그들의 음악에 맞춰 춤을 추기도 한다.

지역, 신분, 문화라는 철조망에 갇힌 채 사회생활을 해온 우리를 놀라게 하고 불안하게 만드는 이 이방인들을, 존재만으로도 껄끄럽고 불편하게 만드는 새로운 이웃들을, 여행길에서의 우리는 흔쾌히 사귀려드는 것이다. 그들이 하는 말과 행동이 모두 궁금하다. 심지어 그들의 생활방식을 흉내내기도 한다. 사리[3]를 걸치기도 하고 아랍 가죽신을 신어보기도 하고 이탈리아 밀짚모자를 써보기도 한다. 우리는 다른 곳에 가는 것과 동시에, 나 아닌 또 다른 존재가 된다.

그러므로 우리에게는 개개인의 머릿수에 해당하는 수만큼의 떠나야 할 이유가 있다. 모든 출발에는 다 나름의 이유가 있다. 우리는 집 문턱을 나서는 순간 그곳에 무엇을 두고 가는지 알고 있다. 지금, 여기, 나 그리고 타인들도 버린다. 삶은 우리를 어느 한 장소, 어느 한 관심사, 어느 한 신분, 어느 한 관계망 속에 가두고 붙잡아둔다. 이것들은 우리가 사는 환경이자, 스스로 만들어낸 산물이다. 이것들은 우리를

---

3 인도 여성이 입는 전통의상.

얽맨다. 자유는 속박과 의무, 관습의 무게에 짓눌린다.

　우리가 해변으로 떠날 때 내려놓고 가는 것은 부정적이고 행복하지 못한 삶의 부분들이다. 일, 궂은 날씨, 습관적 행동, 피로 같은 것들. 사실상 우리는 삶의 궤적을 굴절시키고자 떠나는 것이니, 이를 막거나 방해하는 것들은 내려놓고 가야 한다. 이를테면 우리는 떠날 때 우리 자신과 헤어지는 셈이며, 그럼으로써 변신을 꾀하고 또 우리 자신과 세상을 향한 자유를 되찾는다. 길을 떠날 때, 불안과 기쁨이 한데 섞인 듯한 짜릿함을 느끼는 것은 바로 이런 이유 때문이다.

　"떠난다는 것은 조금 죽는 셈이다."라는 말이 있다. 하지만 떠나는 것은 '다시 태어나는 일'이기도 하다. 스스로 결정을 내리고 행동으로 옮기는 모험을 감행하기 때문이다. 기대를 품고 시간을 들이고 조바심하며 피로에 지친 끝에, 마침내 해방의 순간이 찾아오는 법이다.

　출발은 매번 부활을 예고한다. 도로며 기차역, 사람들이 들끓는 공항은 떠나기 위해 반드시 거쳐야 할 자궁 입구와도 같은 곳들이다. 나아가, 이런 장소는 우리가 떠날 때 무엇을 버리고 떠나는지 느끼고 깨닫는 데 필요하기도 하다. 그리고 떠날 때 무엇을 가져가는지도 알게 해준다. 온갖 모순과 피할 길 없는 불만족 그리고 그러한 것을 만들어내는 원동력이 한데 버무려진 욕망이 바로 그것이다.

욕망, 궁극적 목적, 이유. 여행은 철학과 마찬가지로 이 같은 요인들에 의해 좌우된다. 철학자들은 시대를 불문하고 항상 대단한 여행가들이었다. 렘브란트(Rembrandt Harmensz van Rijn)의 작품 중에는 마치 조개껍질 깊숙이 자리 잡은 연체동물마냥 나선형 계단 발치에 철학자를 표상한 것이 있다. 이러한 철학자의 이미지는 묵상적이고 정적으로 보이는데, 이는 왜곡되고 부당한 이미지다. 철학자는 결코 한 자리에 잠자코 머물러 있는 사람이 아니다. 그는 머릿속에서 온갖 나라와 문화를 누빈다. 그림의 물감이 마르기 무섭게 철학자는 황급히 사색의 공간을 떠났을 텐데, 화가는 그 찰나를 영원히 화폭에 고정해놓았다.

철학자들은 어느 시대에나 드러내놓고 유배와 실향, 이주, 새로운 발견과 방랑에 탐닉했다. 고대 그리스의 탈레스(Thalès)와 피타고라스(Pythagoras)를 비롯하여 미국 민주주의의 태동기를 관찰한 토크빌(Alexis de Tocqueville), 탄압받고 무시당해온 아마존 인디오 부족 문화를 문명세계에 알린 레비스트로스(Claude Lévi-Strauss)에 이르기까지, 이 같은 사례들은 얼마든지 찾을 수 있다. 오늘날 유명세를 누리는 철학자들 중에는 바다 위를 떠다니는 크루즈 여객선에서 강연을 하는 사람도 있다. "인간적인, 너무도 인간적인" 나머지 이 철학자들은 오늘날의 광포한 소비지상주의가 던진 이국주의(Exoticism)와 일탈에의 유혹을 빗겨가지 못했다. 어두운 부식토에 단단히 뿌리내린 과격한 철학자들을 제외하면, 대부분의 철학자들은 여행에 열렬한 관심을 보이는 것이 사실이다.

대부분의 경우, 철학자들은 호기심을 찬양하고 세상의 지리적, 인간적 다양성이 가져오는 경이와 매력을 높이 평가하는 사람들이다. 실제로 한곳에 머무는 철학자들도 마찬가지다. 예컨대 칸트는 고향땅을 떠난 적이 없지만, 오늘날까지도 여전히 위력을 발휘하고 있는 '세계주의'를 주창했다. 철학자들은 알려진 것과 알려지지 않은 것을 견주고, 같은 것과 다른 것을 대비하기를 즐기는데, 바로 이 같은 이질적인 것들 간의 혼용 속에서 철학적 지식은 좀 더 풍요로워지고 인간에 대한 신뢰가 깊어진다.

다른 곳으로 이동하기. 이는 바로 우리의 삶과 욕망, 사유의 움직임 그 자체다. 국경과 일정 시간대를 통과하고, 다른 영토, 심지어 다른 시대로 진입하기도 한다. 이질적인 것에 발을 들여놓는다. 목적지며 행로야 어떻든, 설사 길을 잃어버리는 경우라 할지라도, 우리는 원하던 대로 도착한다. 그와 동시에 우리는 진정으로 원하던 나라, 전 지구적 차원의 국가에 도착하는 것이다. 바로 이런 까닭에 실존주의 철학자 칼 야스퍼스(Karl Jaspers)는 "철학은 길 위에서 행해진다."고 말했다. 사실상 철학은 우리를 세 종류의 여행에 초대한다.

첫 번째, '실존적 여행'이다. 태곳적부터 우리의 삶은 여행에 비유되곤 했다. 이를테면 과연 언제 집으로 돌아갈 수는 있을지조차 알 수 없이 떠돌고 방황하는 오디세우스의 여정과 같다. 고대 그리스의 철학자 엠페도클레스(Empedocles)는 이런 말을 했다.

"우리의 영혼 또한 유배당했다. 우리는 세상에 태어나면서부터 낯선 고장을 향해 여행을 떠나는 셈이다."

'실존(exister)'이라는 단어에는 '떠나다', '저 멀리 가다'라는 의미가 담겨 있다. 철학은 '실존적 여행의 자유로운 활용'과 다름없으며, 그런 까닭에 여행에 가장 높은 가치를 부여한다.

두 번째는 '윤리적 여행'이다. 철학을 한다는 것은 자기 자신을, 타인과 세상을 좀 더 잘 알고자 탐구하는 것이다. 철학은 '사색'과 '인식'을 가장 높게 평가한다. 사색과 인식은 바로 인간을 환상과 정념(情念), 편견, 이기주의로부터 해방시키는 강력한 두 종류의 무기다. 철학을 한다는 것은 자기 자신을 변화시키는 것이다. 그것은 바로 교육과 전수의 힘을 믿는 것이다. 철학을 한다는 것은 또한 자기 자신을 통해 사유하고, 동시에 자기 자신에 반하여 사유하는 것을 의미하기도 한다.

세 번째는 '영적 여행'이다. 떠난다는 것은 언제나 다른 뭔가를 개입시키고, 우리가 전율하는 그 순간에조차 우리를 다른 어딘가로 이끈다. 또 다른 삶, 보다 진실하고 보다 강렬한 삶에 목말라하던 랭보(Arthur Rimbaud)는 "우리의 삶은 다른 곳에 있다."라고 말했다. 다른 곳이라니, 그곳은 어디일까? 어쨌든, 이상적인 삶을 활짝 꽃을 피울 수 있는 곳이 어디인지 확실성을 가지고 말할 수 있는 사람은 어디에도 없다. 그럼에도 '그 어딘가'는 우리를 끊임없이 유혹하고 손짓한다. 사실상 우리는 이 찾을 길 없는 '다른 곳'에 한 발을 담그고 있는 셈이다.

철학을 한다는 것은 바로 이 미지의 능선을 따라 앞으로 나아가는 것을 의미한다. 믿음을 지닌 신자로서 걷는 철학자들도 있고, 믿음을 갖지 못한 채 걷는 철학자들도 있다. 어쨌거나 이들 모두가 수수께끼 탐구의 지평을 저만큼 더 넓혀가고 있다면, 어느 쪽이 되었든 무슨 상관이 있겠는가?

길을 떠날 때 우리는 다른 문화에 대한 타고난 호기심, 언제나 형이상학적이고 방황할 수밖에 없는 존재로서의 불안감, 흥분된 마음을 안고서 길을 나설 수밖에 없는 인간조건과도 마주하게 된다.

'철학자(Philosophe : 지혜를 사랑하는 사람)'라는 이 야릇한 단어에는 긴장과 탐구심, 우리의 삶 위로 피어오르고 또 삶에 윤기를 부여하기도 하는 불꽃에 대한 자각이 담겨 있다. 철학자라는 말에는 '순례자'나 '방랑자', 또는 스스로의 존재에 의해 이미 따라잡힌 '필멸자(Mortal, 必滅者)' 같은 단어들이 가진 모순이 고스란히 담겨 있다.

어차피 여행길이 똑바른 경우는 없다. 떠난다는 것은 곧 욕망을 따르고, 그 무엇도 보장해주지 못할 위험을 감수하는 일이다. 오늘날과 같은 소비사회에서, 이국주의는 여느 것과 다를 바 없는 상품이며, 여행 또한 비즈니스다. 레비스트로스는 이미 《슬픈 열대》의 첫 문장에서 우리에게 경고했다.

"나는 여행도 탐험가들도 증오한다."

한편, 수백 번 계획하고 연습했던 상상 속의 출발은 현실이란 벽에 부딪친다. 우리는 여행을 떠나 길을 잃어버릴 수도 있고, 떠나지 않고 가만히 집에 머물러 있을 수도 있다. 우리의 가장 강력하고 가장 진실한 욕망이 가장 고약한 함정이 되기도 한다.

하지만 마찬가지 이유로, 여행은 확신이나 환상을 떨칠 수 있는 기회를 제공한다. 이것은 엄연한 사실이다. 우리는 여행에서 느끼는 위안과 기쁨이 일시적인 것이라는 사실을 알고 있다. 그러나 바로 그런 과정을 통해 인간조건을 한껏 느끼고, 존재를 실제로 체험해보게 된다. 여행이란, 그 자체로는 별 의미를 가지지 못한다. 여정이며 목적지가 어떤 것이든 여행의 진실과 의미는 여행이라는 '체험'을 통해서만 드러난다.

바닷가는 대지와 하늘 사이, 밀물과 썰물 사이 파도가 그리는 구불구불한 선을 따라가며 사유와 삶의 여행이 이루어지는, 친숙하면서도 낯선 공간이다. 그 여행에서 우리는 '주인공'이자, '장소'이며 '여정'이기도 하다.

자, 그곳으로 출발해보자.

그곳에 도착한다

어디에? 하루해가 수천 가지 낯설음으로 눈부시게 내리쬐고 수정처럼 맑은 수면 위로 햇빛이 반사될 때면, 지금 있는 곳이 어디인지 알 수 없는 기분이 든다. 남쪽 어딘가일까. 우리는 잘 구획되고, 분명하게 특정된 세계로부터 벗어나 있다. 물기슭엔 햇빛이 넉넉하다. 대지와 바다, 도시와 자연, 미니어처럼 축소된 자그마한 사막과 출발점이 되어준 해변. 파도가 부서지는 잔잔한 소리를 배경으로, 소음과 침묵을 가르며 가느다랗게 뻗어 움직이는 해안선 위를 서성이고 있다. 우리는 조금씩 우리 자신에게로 돌아온다. 우리 자신에게 돌아온다고는 하지만, 우리는 그 곳이 어디인지 정확하게 알지 못한다. 그 어떤 GPS도 작동하지 않는 곳.

물론 우리의 몸이 있긴 하다. 새삼, 되찾은 몸의 존재가 찰나의 감각이 만들어내는 멜로디처럼 느껴진다. 수면(睡眠)과 눈부심. 모래밭의 따가운 메마름과 시원한 바닷바람. 무자비한 생산과 소비 논리에서 해방되어 마침내 휴식을 얻은 우리의 몸. 속박도 고통도 없는 상태에서 모든 가능성, 무엇보다 존재의 즐거움을 맞이할 채비가 되어 있는 몸. 우리의 몸은 이렇게 확고한 지표이긴 하지만, 그것만으로는 충분하지 않다.

어딘지는 잘 모르겠지만, 우리는 마침내 목적지에 도착했다고 느낀다. 할 일이라고는 없다. 분류할 것도, 셈할 것도, 딱히 잔소리할 것도 없다. 상사도 부하 직원도 없다. 반면, 이 지상에서 가장 소중한 자산인 시간만큼은 많다. 향수 어린 몽상에 빠져들면서 지난여름의 사랑을 떠올린다. 좀 더 계획성 있는 이들이라면 새롭게 맞이할 아침에 대해 생각하기도 한다. 몸을 되찾은 것과 마찬가지로, 우리는 마침내 자유를, 자기 마음대로 자신을 사용할 수 있게 되었다.

해변에서 우리는 번잡한 일상을 벗어던진다. 평소 같으면, 우리 앞에는 매일 도전해야 할 것이 던져진다. 그러면 우리는 기꺼이 도전을 받아들여야 한다. 하지만 시간과 노력을 잡아먹는 이 소소한 도전들, 몰입을 요구하는 의무들, 끝도 없이 이어지는 목표, 시도 때도 없이 몰려드는 시급한 일들이 결국 우리를 소진시킨다는 사실을 잘 알고 있다. 그 모든 것들이 우리에게 실망감을 주고, 때론 죄의식마저 안겨준다. 전의를 상실하고 배반당했다는 느낌을 받기 때문이다. 그러니 바캉스가 제공하는 명상의 시간을 한껏 활용할 수밖에.

우리는 수많은 고초와 역류, 살인적인 난파를 겪은 끝에 마침내 이타카 섬에 닻을 내린 인류 최초의 대여행가 오디세우스가 된 듯한 느낌을 맛보기도 한다. 말하자면 우리는 자기 자신을 향한 항해에 나섰다고나 할까. 우리는 마침내 우리 자신에게로, 고향집으로 돌아왔다. 이제야 비로소 수많은 잡지며 책들이 떠들어대는 것처럼 우리 자신의 내면적 삶을 되찾게 된 것이다.

오랫동안 인류는 내면에 자리한 인간의 실재와 그의 우월성을 믿어왔다. 소크라테스가 말한 "너 자신을 알라."는 자신이 누구인지 알고 또 자신을 통제할 줄 알아야 한다는 뜻이었다. 신플라톤주의자인 플로티노스(Plotinus)는 "너 자신으로 돌아가 너 자신을 보라."고 말하기도 했다. 이처럼 인식과 진리에 도달하기 위한 통로로 삶에 대한 내면적 성찰을 강조하는 태도는 기독교에서도 찾아볼 수 있다. 성 아우구스티누스(Aurelius Augustinus)는 인간 내면을 보다 깊이 파고든다.

"바깥을 살피는 대신 너 자신의 내면에 침잠하라. 진리가 자리 잡고 있는 곳은 바로 인간의 내면이다."

또한 르네상스 시대의 몽테뉴(Michel De Montaigne)는 모든 정치적 활동을 마감하고 세상에서 물러나 자기 자신을 탐색했다.

그러므로 우리는 우리 자신의 소유지를, 그러니까 우월하고 영적인 우리의 자산을 흔쾌히 훑어볼 참이다. 그러기 위해 주의력을 모아 탐색한다. 아무도 없다. 해변은 야릇한 침묵만이 감도는 깊은 저수조가 된다. 이를테면 연체동물이 빠져나간 반질거리는 빈 조개껍질 같다. 텅 빈 주거지. 모래 위를 스치는 바람만이 쓸쓸한 내면의 공백을 구체적인 이미지로 보여줄 따름이다. 세상에 맞닥뜨릴 때 맛본 똑같은 실망감이, 이제는 세상 밖에서 서서히 스멀거린다. 똑같은 미망(迷妄).

우리는 명백함을 인정해야 한다. 내면의 삶이란 일종의 '그랑 블루(Le Grand Bleu)'이자 빛이 닿지 않는 심연과 같다. 거기서도 세상 속에 있을 때와 마찬가지로 자신의 진정한 공간을 찾기는 어렵다. 혼돈과 불확실성은 여전하기 때문이다. 우리의 자아란 머물러 살 수 없는 곳, 그저 지나가기만 하는 통로이자 인터체인지(interchange)일 따름이다.

그렇다면 우리는 다시 앞으로 전진해야 하는 걸까? '자아'를 해체하고 내면세계가 아닌 바깥세계, 세속적인 존재 속에 완전히 함몰되어야만 하는가? 사실상 이는 고대 서양의 현자들이 권하는 바이다.

인도의 철학자들은 자아를 버림으로써 존재 내지 의식의 또 다른 차원을 향해 나아가야 한다고 말한다. 《우파니샤드》[4]가 말하는 '아트만[5]'의 경우가 그렇다. 영적인 길은 험난하며, 자아의 완전한 방기(放棄)를 요구한다. 우리가 살고 있는 오늘날의 세계에서는 무척이나 실현하기 힘든 일이다. 자아를 존재 속에 와해시킨다는 것은 세속적인 세상의 바깥에서, 그것도 은밀하게 시도할 법하며, 참선방이나 아슈람[6]에서나 가능할 것이다.

해변에서는 제한적이고 상대적이며, 부분적이고 불완전한 실험만 가능하다. 엄밀히 말해, 철학을 한다는 것은 인간조건의 1차적 여건에 접근하는 일이다. 따라서 해변에서 우리는 필요할 때마다 우리 자신으로 되돌아가고, 명상에 잠긴다. 하지만 철학을 한다는 것이 자기 자신 속에 함몰되거나, 자신을 잃어버린다는 뜻은 결코 아니다. 소크라테스는 광장

---

4   고대 힌두교의 교리집.
5   힌두교의 기본 교리 중 하나로, 인격적 원리를 가리킨다.
6   힌두교 사원.

에서나 짐나지움[7]에서, 또는 향연 중에도 철학적 사색을 펼쳤다. 한편, 디드로(Denis Diderot)는 "철학자란 어디서나 존경받는 사람으로, 학교보다는 원로원에서, 도서관에서보다는 법정에서 더욱 그렇다."라고 말했다. 프랑스의 계몽사상가 집단인 백과전서(百科全書)파 사상가들은 "철학은 인류를 섬기기 위한 고귀하고 원대한 계획 수립을 사명으로 갖는다."고 말했다. 실제로 철학은 그 같은 사명을 완수했다.

우리는 다른 사람이 없으면 존재할 수 없다. 자기가 갖고 있는 의문이나 생각을 검증하고 확인하고 강화하고, 변모시키기 위해 우리는 반드시 다른 사람을 필요로 한다. 나 자신을 이루는 것, 나에게 부족한 것, 내가 해야 할 일은 으레 다른 사람들과 더불어 탐구한다. 내면적 성찰만으로는 충분치 않다. 내면적 성찰 그 자체가 목적이 될 수는 없다. 그것은 상황에 따라 거쳐 가는 통행로일 따름이다.

해변으로 가는 것은 유익한 일이다. 그곳에서 우리는 분산을 멈춘다. 그곳에서 우리는 자신과 자신의 삶에 대해 사색하기 위한 시간을 확보한다. 하지만 해변도 잠시 머무는 임시 거처일 뿐이다. 우리의 여행은 계속된다.

---

7   고대 그리스의 체육관, 체육시설.

해변에서도 그렇지만, 우리는 언제나 혼자이면서 무리 속에 있다. 자신을 느끼고 명상에 빠져보지만, 우리는 항상 우리를 에워싸고 있으며 우리가 속한 세상과 마주하고 있다. '혼자 있기'와 '여럿이 같이 있기'. '내면적 삶'과 '사회적 삶'. 해변에서조차 우리는 결함과 불완전함 속에서 살기를 단념하지 않는다. 니체(Friedrich Wilhelm Nietzsche)가 "인류라고 하는 물컹한 모래"라고 표현한 것, 즉 "모두 비슷하게 닮았고, 아주 자잘하며, 아주 타협적이면서 아주 따분한" 무수한 모래 알갱이 속에 파묻혀 허우적거리는 신세에서 벗어날 수 없는 것이다. 그런데 니체로 말하자면 방랑하는 고독한 천재였다. 사막은 그의 천성이자 운명이었다. 하지만 우리는 다른 사람들 곁을 결코 피할 수 없다.

해변은 사막이 아니다. 우리는 해변에서 신뢰와 지식, 행복이 순간적으로나마 영롱하게 결집되는 개인적 공간을 가질 수 있길 원한다. 해변은 우리에게 바깥세계도 내면세계도 열어주지 않는다. 아니, 그 두 세계를 동시에 펼쳐놓는다. 두 세계를 갈라놓는 칸막이를 와해시킨다고 말하는 편이 적절해 보인다. 해변은 일상의 삶 속에 숨어 있는, 우리 존재를 가려왔던 두꺼운 장막을 걷어낸다.

우리는 해변에서 '존재'에 접근해볼 수 있다. 그런 의미에서 볼 때, 해변은 인간적이면서도 언제나 생경한, 역설적인 영토이다. 꿈과 희망이 해변의 일부이긴 하나, 그렇다고 해서 그곳이 '다른 곳' 또는 이상향은 아니다. 해변에는 일정한 면적도, 울타리도 없다. 해변은 누구의 것도 아니지만, 우리의 것이기도 하다. 우리가 머물기로 선택한 그곳은 그 어디도 아니지만, 동시에 우리가 피할 수 없는 곳이기도 하다. '절대'로부터의 요구인 셈인데, 우리 자신은 그러한 요구의 발화자인 동시에 수혜자이기도 하다. 메를로 퐁티(Maurice Merleau-Ponty)는 《철학 예찬(Éloge de la philosophie et autres essais)》에서 이렇게 말했다.

"철학적 절대란 어디에도 없다. 따라서 그것은 절대로 다른 곳이 아니다. 철학적 절대는 매 사건마다 깃들어 있다."

해변에도, 도시에도, 기업에도, 운동경기장에도.

모래사장 위에 작은 비치타월을 깔아 구획한 그 공간은 결국 사적인 공간도 아니고 공적인 공간도 아니다. 해변은 자아 실험 놀이를 위한 모래 놀이터도 아니지만, 그렇다고 해서 모래더미로 이루어진 익명의 공공장소도 아니다. 그곳은 내밀함과 집단성, 나와 타인, 내부와 외부가 서로 얽히고

설킨 '인간적 사건'들의 장이다.

바로 그곳에서, 항상 임시적이고 변화무쌍하
며 불안정할 수밖에 없는 자리를 마련해야 한다.
이를테면 '경계 공간'에 머물러야 한다는 말이다.
그곳에서 우리는 안개의 장막 아래 빛이 비춰지길
요구한다. 우리는 움직이는 모래밭에서 뭔가 버팀
이 되어줄 만한 것을 찾는다. 그곳에서 우리는 무
리 속에서의 연대감과 경이를 요구한다. 그러면서
우리는 은총과 행복의 순간을 호시탐탐 엿본다.
해변은 나의 '가능태(可能態)'와 '가설'들이 실현되
길 기다리는 외적이면서 내적인 공간이다.

그곳은 섬일까? 도시일까? 차라리 작업장이
라고 불러야 할 것 같다.

놀란다

바다 위로 폭포처럼 쏟아지는 빛, 으르렁대는 성난 파도, 소금기 머금은 바람, 하늘을 나는 하얀 물새들, 장난치는 아이들 소리, 거의 벌거벗은 채 모래밭을 메운 사람들… 세상은 다시금 우리에게 거대한 무대를 펼쳐 보인다. 모든 것이 새롭고, 아침마냥 신선하며, 수직적인 존재들로 인하여 손상되지 않은 듯한 동시에 충격에 사로잡힌 듯하다. 우리는 발견과 야릇함을 머금은 온갖 종류의 기미를 찾아 나선다. 주변의 모든 것들이 우리를 끌어당기고 호기심을 자극한다. 그래서 우리는 자발적으로 기꺼이 현기증에 몸을 내맡긴다. 우리는 자신이 누구인지도 알지 못한다. 놀라움.

우리는 너무 오랫동안, 저 멀리서, 감각과 정신이 온통 고립에 짓눌려 지내온 탓에 세상을 잊고 말았다. 인위적으로 복잡하게 구축된, 인간적이면서도 도회적인 환경 속에 사는 동안, 세상에 대한 즉각적인 경험은 점점 더 드물어진다. 우리가 정신없이 바쁘고, 달음박질하고, 고민하는 동안, 무지의 장막이 세계를 뒤덮는다. 인위적인 공간, 각종 의무들의 속박 탓에 세상으로 접근하는 통로가 막혀버린 것이다. 사실 우리가 느끼는 경이로움이란, 설사 그런 것이 어쩌다 일어난다고 해도, 인위적으로 조장되고, 규격화되어 있으며, 지극히 수동적일 따름이다. 지배적인 테크놀로지는 경이로움마저도 불투명한 필터를 거치도록 조장한다. 모든 것은 가상현실화 된다.

더욱 고약한 것은 습관과 조종에 젖은 나머지, 거리에서 잠을 자는 노숙자나 구걸하는 사람에게마저도 무관심해진다는 사실이다. 우리는 더 이상 그 무엇에도 놀라지 않는다. 세상의 진면목과 마주할 때는 물론, 타인들에게도, 우리 자신에게도 놀라지 않는다. 모든 것이 일상의 진부함 속에 묻혀버린다.

우리는 규칙이 단순하고 쉽게 확신을 가질 수 있을 때만 마음을 놓는다. 오늘날과 같은 경쟁사회에서는 자기주장을 굽히지 않고 다른 사람들을 설득해야만 한다. 자신이 언제나 옳아야 한다. 확실히 알아야 하며, 신속하게 결정해야 한다. 그러니 틀에 박혀야 마음이 놓이고, 불안감을 없애는 기제를 습관적으로 발동시키게 된다.

그렇게 되면 우리는 세상과 나 자신을 새롭게 바라보는

경험, 모호하고 안전장치도 없지만 짜릿하고 생생한 경험 같은 것을 교묘하게 피해가며, 마치 몽유병 환자처럼 그냥 앞으로 나아가게 된다.

해변에서는 모든 것이 정반대이다. 놀라움이라고 하는 것이, 마치 수년 동안 타지 않던 자전거를 타거나 수영을 할 때처럼, 갑작스럽고 온전하게 엄습해온다. 놀라움은 매일, 매 순간 찾아든다. 그렇기 때문에 우리는 재차 실존의 구석구석을 빠짐없이 살피기 시작한다. 다시금 호기심을 가진 존재가 되는 것이다. 우리는 다시금 보고 싶어 한다. 배우고 싶어 한다. 맛보고 싶어 하며, 향유하고 싶어 한다. 우리는 놀라고, 우리가 여전히 놀랄 수 있다는 데에 또 놀란다.

'놀람(étonnement)'은 '천둥(tonnerre)'이라는 단어에서 왔다. 놀람이라는 말은 어원으로부터 '동요'와 '진동'이라는 의미소를 물려받았다. 놀람은 우리의 영혼을 갑작스럽게 건드릴 뿐 아니라 뒤흔든다. 놀람은 심리적 충격을 말한다. '놀라게 하다(étonner)'라는 동사는 19세기에 '한눈에 반하게 만든다'는 의미로 사용되기도 했다. 오늘날까지도 이 단어 안에는 '삶에 대한 애정'이라는 의미가 팔딱인다.

'놀람'은 존재의 원초적 모습을 충실하고 남김없이 우리에게 보여준다. 그 뿐만 아니라 '놀람'은 다른 무엇의 도움 없이, 오직 물과 공기, 빛 등 자연 요소들의 어울림 속에서 지극히 경제적으로 일어난다. 세상은 우리가 태어날 때의 바로 그 공간과 시간을 회복한다. 시작되고 다시 시작되는 것이다. 세상은 최초의 기원으로 되돌아간다. 우리는 세상의 그런 모습에 놀란다. 우리가 오늘 아침처럼 세상을 재발견할 때, 세상이 이렇게 변모할 수 있다는 데에 다시 한 번 놀라지 않을 수 없다. 우리는 우리 자신이 놀랄 수 있다는 데에 놀라고, 놀람의 기쁨은 더욱 커져만 간다.

"놀라는 것 외에 철학의 다른 근원은 없다."

소크라테스가 한 말이다. 철학은 기원전 7세기, 즉 소크라테스가 태어나기 3세기 전에 지금 이곳과 흡사한 해변인 지중해 반대편 밀레토스에서 태동했다. 오늘날 밀레토스는 터키 영토에 속하는 작은 도시로, 아나톨리아 지방의 사모스 섬 남쪽에 위치한다. 여름이면 기온이 30도를 오르내린다. 밀레토스는 기원전 1000년 이전에 크레타 섬과 그리스 본토의 이주민들이 설립한 이래 상당한 번영을 누린 상업도시로, 오늘날 이오니아로 불리는 지방의 중심지였다. 그곳은 아시아의 서쪽 끝이자 그리스 문화와 동양 문화가 교차하는 경계선이었던 만큼, 오늘날 우리에게 이어지고 있는 오랜 역사의 주 활동무대였다. 우리가 경험하는 여름 아침의 경이로움은 뭔가 눈에 보이지 않는 끈에 의해 이 머나 먼 순간에 닿아 있다.

여명기의 사상가로는 탈레스, 아낙시만드로스(Anaximandros), 아낙시메네스(Anaximenes) 등을 들 수 있다. 이들은 구름과 바람, 비바람, 태풍 등 밀레토스 바다의 풍광을 이루는 현상들을 관찰했다. 이들은 그 현상들을 설명하려 애를 썼으며, 그 결과 원리들을 추출해냈다. 탈레스는 제1원소가 물이라 생각했으며, 아낙시메네스와 아낙시만드로스는 각각 공기와 '무한자(無限者)'[8]를 제1원소로 꼽았다.

그리스어로 '놀라다'는 'thaumazein'이다. 'thauma'는 감탄하게 만드는 것, 혹은 영혼이 초자연 현상에 맞닥뜨릴 때 느끼는 당황, 경악 상태를 뜻한다. 예컨대, 신이 인간사에 개입할 때와 같은 경우다. '놀람'이란 일상적 흐름의 단절이다. 밀레토스의 물리학자들에게 자연현상이란 신들의 사랑이나 말다툼, 개입 등을 통해서만 설명이 가능했다. 그러나 신화만으로는 세상을 설명하기에 충분치 않다. 따라서 이성

---

8   무한의 것을 뜻한다.

적 담론과 과학, 철학의 필요성이 대두되었다.

태풍은 매혹적인 현상이지만, 태풍이 어떻게 생겨나는지 알아야만 태풍이 불어도 살아남을 수 있다. 마찬가지로, '놀람'은 그 자체로 목적이 될 수 없다. '놀람'은 우리가 그것을 뛰어넘을 수 있을 때만이 가치를 가진다. 과학과 철학은 '놀람'에 머물러 있지 않는다. 과학과 철학은 '놀람'을 분석하고 합리적 설명을 가함으로써 이를 넘어선다. 사유는 이처럼 시간적 편차가 존재하는 가운데 놀람을 안겨주는 세상에 복귀함으로써 비로소 형성되고 발전한다.

그렇다. 인간은 놀랄 줄 아는 존재이다. 인간은 이해하고 알고자 하는 욕망에 의해 움직인다. 그러므로 '놀람'은 질문이나 행동이 일어나기 전에 거치는 잠정적 상태이다. 잠에서 깨어나 하루가 시작되기를 기다리는 상태라고나 할까.

'놀람'의 가치를 강조하는 소크라테스의 완벽한 추론과 변증법을 듣다가, 젊고 영특한 제자인 테아이테토스(Theaitetos)가 혼란에 빠졌다. 어린 제자가 사유의 끈을 잃어버리고 어지러워하자, 소크라테스는 다음과 같은 말로 제자를 격려했다.

"사유의 혼란을 느낀다는 건 좋은 징조다. 철학을 한다는 것은 이미 알고 있거나 알고 있다고 믿는 것을 재차 문제 삼는 것이다. 그러므로 지금 너는 올바른 길 위에 있다."

'철학적 놀람'이란, 그 대상이 무엇이든, 결코 넋 나간 매혹을 의미하지 않는다. 오히려 정반대이다. 철학자가 삶을 사랑한다는 말은, 그의 삶이 침대에 누워 빈둥거리는 것과는 거리가 멀다는 뜻이다. 철학자가 느끼는 경이로움엔 활짝 열린 정신과 사색, 분석, 비판적 검토 등이 뒤따른다. 철학적으로 놀란다는 것은 곧 새로운 사고를 받아들일 줄 알고, 세상과 타인, 또 자기 자신을 바라보는 다른 방식을 수용할 줄 안다는 의미이다.

그와 동시에, 우리를 불안하게 만드는 것을 새롭게 바라보고 불편함에 의미와 가치를 부여하는 일이다. 불편함이란 허물이나 질병이 아니라, 새로운 접근로이다. 따라서 그 길로 접어들기를 거부한다면, 우리가 편치 않은 것은 수용하려 들지 않는다면, 우리는 우리 자신에게로 가는 문지방을 넘지 못하고 문턱에서 서성거리는 꼴이 된다. 존재에 맞서기 위해 요구되는 힘겨운 노력을 끝까지 밀고 나가지 못한 채, 그저 고통을 회피하려고만 드는 불완전성에 함몰되는 셈이다. 경이로움을 저버린다는 것은 자신의 존재를 손상시키고, 존재의 가능성을 축소시키는 일이다. 인간은 자기 자신이라는 수수께끼를 탐구하는 존재이다.

밀레토스의 물리학자들이 활약한 이후 과학은 엄청나게 진보하여, 조수와 기상 등 자연현상과 관련된 모든 것을 이해하는 데 큰 역할을 했다. 과학의 진보로 인해 실재(實在)에 대한 우리의 해석은 무척이나 섬세해지고 풍요로워졌다. 하지만 우리가 느끼는 고통이나 불안, 기대 등에 관한 이해에 있어서는 그렇지 못하다. 태풍에 비해 그것들은 훨씬 이해하고 극복하기 어렵다.

우리의 실존은 갈지자로 펼쳐진다. 우리는 언제나 놀라고 또 놀라며, 불안해하고 또 불안해한다. 이를테면, 우리는 환상과 분명한 증거 사이, 매혹과 의식 사이, 현혹과 비판 사이, 친밀함과 거리 두기 사이를 부단히 오간다. 우리는 이 양극단 사이 어딘가에 서 있는 셈이다.

하늘의 구름이 모였다가 흩어지는 것과 동시에, 우리의 사유가 파도의 능선을 내달리다가 일순간에 흩어지고, 그 사이 조깅하는 사람은 파도 거품이 모래 위에 그리는 경계선을 넘는다. 한 여성이 미지의 아우라에 휩싸인 채 모래언덕 발치에 자리를 잡는다. 그러면 어느새 또 다른 그림이 펼쳐진다. 경이로운 감정이 거듭 태어난다. 사유는 욕망의 딸이다.

세계는 마치 사랑하는 사람과도 같아서, 끊임없이 우리를 잡아당기고 밀쳐내고 불러 세운다. 우리는 세계를 상대로 도발하고, 뒤흔들고, 시비를 건다.

소크라테스가 모래 위에 남긴 족적을 따라가다 보면, 우리는 '놀람'이 지니는 미덕과 힘을 재발견하게 된다. '이제 더는 놀라지 않는다'는 '살기를 포기한다'는 것과 같은 의미이다. 우리는 다시 태어나기 위해 해변에 온 것이다.

다시 산다

몇 시간 후면 그렇게 될까? 아니, 며칠? 낮잠을 통해서? 아니면 스포츠 활동을 통해서? 신체의 이완에 관한 열쇠는 거저 주어지는 법이 없다. 이 분야에 대해서는 아직 이렇다 할 만한 글이 없다. 어쨌거나 해변에서 우리는 우리의 몸을 돌려받는다. 기분이 상쾌하고, 그 어느 때보다 힘이 넘친다. 새로 태어난 듯한 기분은 이내 정신과 존재 전체로 전해진다. 맑은 하늘, 위안을 주는 바다, 뜨겁게 작렬하는 빛, 거대하게 무리지어 있는 사람들. 수많은 목소리….

해변은 새로운 장소와 시간이 펼쳐지는 무대이다. 해변은 탄생과 재탄생의 세계를 열어준다. 시간은 나른한 두 팔을 천천히 벌린다. 이제 본격적으로 행복이 예상되기 시작한다. 우리의 정신은 온전한 상태의 호기심과 질문, 재구성의 잠재력을 되찾는다. 흔히 말하듯, "우리는 다시 살기 시작한다." 이는 또한 철학적 차원의 프로그램이기도 하다.

다시 살다니, 진작 그럴 때였다. 그간 일상 속에서 피할 수 없는 반복적인 생각들에 사로잡히고 각종 미디어에서 쏟아지는 메시지에 오염되고 온갖 컴퓨터 조작과 프로그램에 빠져 지내야 했던 우리의 정신은, 엄밀히 말해 우리의 것이 아니었다. 주인 노릇을 전혀 할 수 없었다. 그동안 우리의 정신은 온전히 활동하지도 못하면서 무수히 많은 일들에 불려다니고 함몰되어, 정작 길을 잃고 말았다. 지나치게 흥분한 상태로 얼토당토않은 길에서 헤매고 있었다.

하지만 이곳 해변에서, 사유는 잃어버린 영토를 되찾고 제 기능을 회복한다. 우선 우리는 자신과의 대화를 재개한다. 소크라테스는 말한다.

"영혼이 사유한다는 것은, 자기 자신과 대화한다는 것과 다르지 않다."

이때의 대화는 모든 곳으로 향한다. 우리는 주변을 둘러보고 상황을 검토하며 자신의 행동을 되돌아보고 앞날을 예비한다. 그리고 아무런 스트레스나 거리낌 없이 자기 자신과 말을 한다. 사실상 내면의 대화란 결코 끊어지지 않고 계속되고 있기 때문이다. 다만, 우리가 통제능력을 상실하는 상황에 처할 경우, 주체하기 힘들어지고 지리멸렬해진다. 결코 우리가 원하는 순간에, 원하는 장소에서, 우리가 원하는 방식대로 수준 높게 이루어지지 않게 되어버리는 것이다. 그럴 때 우리는 자기 자신을 상실한 듯한 느낌을 받는다. 이런 느낌은 오늘날의 급속한 통신기술의 발달로 더욱 증폭된다.

자신을 상실했다고 느낄 때, 우리는 스스로에게 책임을 느끼고 거세게 반발하기도 한다. 또는 자기 자신을 잊거나, 부인할 수도 있다. 더 이상 자기 자신과 조화를 이루지 못하는 것이다. 모든 것이 우리를 사유로부터 멀어지게 하고, 사유를 만류한다. 그럼에도 억지로 사유하려 들면 불행한 주관성에 빠져 헤어 나오지 못하게 된다.

사유는 흔히 우리가 위급한 상태에 있거나 불안정할 때 분출한다. 말하자면 위험에 직면했을 때 이에 대응책을 세우기 위해 사유가 시작되는 것이다. 사유는 위기상황을 명확하게 해명하고 이를 관통한다. 그러나 비상사태를 선포하고 혼돈을 절대적 규칙으로 삼으려 든다면 우리는 사유를 방해받아 불안정한 상태에 빠지게 되고 조종당하게 된다.

사유에는 시간이 필요하고 안정도 필요하다. 이곳 해변에서 우리는 마치 로댕(Auguste Rodin)의 '생각하는 사람'이라도 된 듯, 시간과 안정을 모두 확보할 수 있다. 바닷가로 되돌아옴으로써 우리는 원초적 모습으로 회귀한 셈이다. 왜냐하면 사유한다는 것은 스스로의 존재에 도달하고, 스스로의 존재를 드러내는 일이기 때문이다. 우리는 사유, 즉 자신과의 대화를 통해 어떤 개입도 유예도 우회도 거칠 필요 없이 자신의 존재를 가장 제대로 실험할 수 있게 되는 것이다.

그런 까닭에 세태와 습관에 찌든 사유를 재가동하는 것은 일종의 치료 행위가 된다. 우리가 존재의 잠재력을 되찾고 자질을 펼칠 수 있게 되면, 그로 말미암아 행복해지는 효과가 생기기 때문이다. 반대로 제대로 사유를 하지 못할 경우, 우리는 수동적이게 되어, 괴로워지고 고통을 받는다. 그때 우리는 내면의 미로에서 길을 잃고, 우리 자신의 미노타우로스(Minotaurus), 괴물이 된다. 자기 자신을 갉아먹게 되는 셈이다.

으뜸가는 철학 행위인 사유의 잠재력을 회복할 경우, 우리는 또 다른 것도 되찾게 된다. 판단하고 분석할 수 있게 될뿐 아니라, 창조해야 할 현실을 상상하고, 아직 존재하지 않거나 앞으로도 존재하지 않을 세상을 꿈꾸게 한다. 이렇게 꿈꾸는 행위만으로도 조정자로서의 안정과 위안, 순수하고 때 묻지 않은 자유를 얻게 된다는 말이다.

우리는 자신을 비운다. 비우는 행위는 반드시 필요한데, 그것이야말로 우리가 스스로의 가능성, 그중에서도 특히 스스로 사유할 수 있는 자유에 마음을 연다는 신호이다. 잠시 휴대폰과 라디오를 끈 우리는 자신과 대면한다. 다시 말해, 불확실성과 마주한다. 이를 통해서만 우리는 자신으로 되돌아갈 수 있다. 늘 움직이고 변화하는 것들로 가득 차 있는 토양 위에서, 흔들리지 않고 걷기 위해 애쓰며 자기 자신으로 되돌아가는 것이다.

그러기 위해서는 당연히 '참'이라 여겼던 것들과 거리를 유지할 필요가 있다. 이제껏 학교에 다니면서 혹은 지식을 전수받으면서 그랬던 것처럼, 무비판적으로 모든 진술을 받아들이는 일일랑 삼가야 한다. 스스로 사유하기 위해서는 이 모든 것을 버려야 한다. 바로 칸트가 권유하는 방식이다.

물론 오늘날에는 결코 행하기 쉽지 않은 방법이다. 우리는 인위적인 매체가 범람하는 환경에 젖어 지낸다. 우리는 그 같은 매체들이 작정하고 쏟아내는 기만적이며 어림짐작에 불과한 '홀리기'식 메시지들의 표적이다. 그렇기 때문에 우리는 게으름과 수동성에 대항해야 하며, 이 같은 환경이 조장하는, 모든 것을 빨아들이려는 의지에 저항해야 한다. 그 어느 때보다 칸트의 권고가 절실하다. 그리고 우리가 서 있는 이 해변은, 얼핏 보기와는 다르게, 칸트의 권고를 실제 행동으로 옮길 수 있는 적절한 장소이다.

사색과 사유의 자유, 그리고 좀 더 나은 삶에 대한 전망. 이 같은 전망을 자아가 아니라, '존재할 수 있는 역량' 내지는 '존재가 주는 역량'에 적용할 경우 그 깊이를 극대화할 수 있다. 소크라테스는 자신에게 사형을 선고한 재판관들 앞에서 이렇게 강조했다.

"나는 대부분의 사람들이 근심하는 것들… 예컨대 돈, 재산 관리, 전략, 대중연설의 성공 여부, 관직, 합종연횡, 정치적 분파 따위에는 전혀 개의치 않는다."

오늘 해변에서 그의 이 같은 초연함이 우리의 마음에 깊이 와닿는다.

우리는 삶의 본질을 이루는 것에 신경 쓴다. 예컨대, 뚜렷한 입장 표명을 할 수 없었던 행동, 취할 수도 있었지만 취하지 않은 선택, 마땅히 탐색해야 할 경로, 후회스러운 약점, 겉으로는 다 나은 것처럼 보이나 여전히 욱신거리는 내면의 상처…. 흩어져 있던 시간들이 다시금 가지런해진다. 시간이라고 하는 것은 이렇듯 재구성되고 재정비된 의식에 편입된다. 우리의 삶은 더 이상 빠르게 재생되는 영화처럼, 우리가 아무런 힘을 행사할 수 없도록 흘러가지 않는다. 우리는 그 시간 속에 자신의 결정, 행동, 계획 등을 새겨 넣는다. 우리는 적절하게 통제 가능한 공간, 혹은 놀이의 공간을 되찾는다. 하긴 이 두 가지는 결국 마찬가지다. 그 결과 사유한다는 행동은, 때론 비싼 대가를 지불해야 하기도 하나, 대체로 우울증을 이겨내는 '항우울제'가 되어준다. 우리는 행복감을 맛보며, 해방감을 느낀다. 우리 스스로가 변하는 것이다.

이러한 철학의 순간에, 우리는 알베르 카뮈(Albert Camus)의 작품 '시지프의 신화' 속 시지프처럼 행복해짐을 느낀다. 터널의 끝이 보이면서, 통행로를 발견한 듯한 기분이 드는 것이다. 진짜 욕망과 가짜 욕망을 가려내고, 헛된 공상과 진실한 계획, 자기기만이나 알리바이와 진정한 의지를 분별해낸다. 존재를 '만들어내는' 역량을 탐색하면서, 때론 자기모순에 빠지기도 하고 했던 말을 번복하기도 한다. 우리는 삶의 과정에서 우연히 일어나는 사고들과 그것들에게 부여하는 중요성을 분리해서 바라본다. 운명의 무게와 무한한 자유가 주는 부담 사이에서 통찰력 있게, 성실하게, 믿음을 잃지 않으면서 자신과 마주한다.

해변에서 우리는 반쯤 벌거벗은 몸을 작은 비치타월 위에 누인 채, 마침내 자기 자신을 넘어선다. 각종 매체에 의해 날이면 날마다 바보가 되어가던 우리가, 마침내 그 어리석은 상태로부터 벗어난다. 한순간이나마 비루한 예속 상태, 불행을 자초하는 영합에서 헤어 나오는 것이다.

또 다시 소크라테스를 언급하자면, 그는 철학을 산파술에 비유한다. 그는 자신이 "산파였던 나의 어머니 파이나레테(Phainarete)가 늘 하던 행위에 유머와 아이러니를 버무린 행위를 할 뿐"이라고 주장했다. 그는 대화하는 상대방이 자문하게 만드는 대화기술을 즐겨 구사했는데, 이 기술을 '산파술(maïeutique)⁹'이라 불렀다. 진리를 낳게 하는 기술 정도로 이해하면 무난하다.

산파술은 다수가 가진 공통된 의견, 통상적이고 지배적인 관점 같은 것들을 다시 검토해보고 의문을 갖게 한다. 이 같은 과정을 통해, 새로운 주체가 탄생하게 된다. 해방된 주체, 또 다른 세상에 눈 뜨는 주체.

철학은 태동할 때부터, 줄곧 탄생과 재탄생의 학문을 자처하듯 어머니와 출산에 빗대어 이해되었다. 이곳, 해변에서의 탄생은 육신이나 새로운 이름의 탄생이 아니다. 그것은 자기 자신, 곧 우리 자신이 가장 진실하고 가장 은밀한 것으로 돌아옴을 의미한다. 그와 동시에 개별적인 삶보다 '광대

---

9 여기서 '마이아(maia)'는 작은 엄마를 뜻한다.

하면서도 미세한' 존재를 향해 마음을 여는 것이기도 하다. 광대한 까닭은 그 탄생이 항상 미완성이며 제한적이기 마련인 개개인의 삶을 넘어서기 때문이고, 미세한 까닭은 그 탄생을 표현하는 사유와 언어가 부정확하고 덧없기 때문이다.

우리가 다가서게 되는 삶은 우리의 모든 자리를 차지하는 삶이다. 그 삶은 순수하고 새롭지만, 허약하고 찢어지기 쉬운 경험이며, 끝없이 이어지는 외침이다.

아무것도 하지 않는다

오늘은 해변에서 무엇을 할까? 딱히 할 일은 없다. 전혀 없다. 무위(無爲). 처음엔 결코 쉽지 않다. 우리의 육체와 정신은 평소 익숙한 리듬대로 무언가 하고 싶어 한다. 아무것도 하지 않는다는 것은, 그것이 존재의 첫 번째 양태임에도 불구하고, 전혀 자명하지 않다. 아무것도 하지 않으려면 의지와 끈기가 있어야 한다. 다시 배워야 한다는 말이다. 그러기 위해서 해변이 있고, 철학이 있다.

정치사상으로 유명한 영국의 철학자 홉스(Thomas Hobbes)에 의하면, "한가로움은 철학의 어머니"이다. 대신 일할 노예가 없었다면, 고대 그리스인들은 연극을 보러갈 시간도 없었을 테고, 시정에 참여하거나 철학할 시간도 없었을 것이다. 한편, 자발적으로 노예가 되기를 택한 우리에게 한가로움을 누리고 그 혜택을 맛볼 수 있을 시간이라고는 일 년 중 오직 이 때, 휴가철뿐이다. 철학은 한가로움의 딸일 뿐 아니라, 그것을 조직하고 거기에 의미를 부여하기까지 한다.

오늘날 '존재한다'라는 말은 '활동한다' 심지어 '과잉으로 활동한다'는 의미를 갖는다. 광적인 생산과 소비에 함몰된 오늘날의 인류에게 과잉활동은 규범이자 교리가 되어버렸다. 모든 것은 과잉활동에 초점이 맞춰져 있고, 과잉활동을 중심으로 조직된다. 과잉활동은 시간과 공간, 육체와 정신, 욕망에 틀을 제공한다. 성공한 삶이란 강도 높고 번잡할 수밖에 없다. 성공한 삶은 혈중 아드레날린 농도에 따라 측정된다고 말해야 할 지경이다. 나는 흥분한다. 고로 존재한다.

과잉생산은 노동의 세계를 구조화한다.(또는, 탈구조화한다.) 과잉생산은 언제나 더 많은 것을 추구하는 성공한 부류와, 이에 못 미쳐 죄의식을 느끼는 실패한 부류를 구분 짓는다. 오늘날은 어릴 적부터 리탈린[10]에 길들여진 과잉행동 세대를 양산한다. 끊임없이 흥분하는 것이 이들의 표현양식이자 존재양식인 듯하다. 이들 세대는 마치 부모에게 이렇게 말하는 것 같다.

"걱정 마세요. 부모님은 저희를 돌볼 짬이 없으시지만, 보시다시피 우리는 부모님처럼 잘하고 있잖아요."

---

10   주의력 결핍 아동을 치료하는 약.

그러면 사람들은 일단 다음과 같은 말로 반론을 시작할 것이다. "행동을 위한 행동은 부조리하다.", "행동은 그 자체만으로는 충분하지 않다.", "행동의 의미란 언제나 그 바깥에서 찾아야 한다. 왜냐하면 아무런 의지 없이도, 자율적인 사유 없이도 행동할 수 있으며, 몽유병 환자는 어두운 집 안에서도 얼마든지 돌아다닌다.", "최면에 걸린 환자는 의사의 지시에 따라 여러 가지 제스처를 취하기도 한다." … 이유야 어찌 되었든 이들은 행동을 하지 않는가 말이다.

우리 가운데 가장 과잉활동 부류를 들라면 단연 기업의 CEO나 임원진, 정치인들일 텐데, 그렇다고 해서 이들이 가장 유능한 사람들이라고 할 수는 없다. 이들은 유능하다기보다는 삶의 불안감을 피하기 위해 지배력과 권력을 탐하는 강박증 환자들일 수 있다. 아, 과잉활동이란 얼마나 슬픈 병리 현상인가.

무언가를 하고, 나아가 자꾸만 더 많은 것을 해야 한다는 명령이, 뚜렷한 목적이나 동기부여 없이 반복적으로 집중포화처럼 쏟아진다. 그런 식으로 계속되는 높은 생산성에 대한 추구는 결국 권태와 의기소침, 수동성의 원인으로 전락하기에 이른다. 철학은 이와 같은 고질에 처방약 내지는 해독제, 또는 독소 제거 치료를 제공할 수 있다. 기본적인 몇 가지만 들어보자.

첫째, 무위는 행복의 원천이다. 육체적 안락함은 물론이고, 삶의 기쁨과 낙관주의를 선사한다. 로버트 루이스 스티븐슨(Robert Louis Stevenson)은 《게으른 자를 위한 변명》에서 노동예찬자를 좀비에 비유하며 맹비난한다.

"관례적인 활동을 하지 않는 동안엔 살아 있다는 의식조차 갖지 못하는, 창의성이라고는 완전히 결여된 좀비 같은 부류가 있다."

'지킬박사'와 '하이드'를 창조해낸 이 작가에게, 노동이란 반감과 무관심, 늘 언짢은 기분에 사로잡혀 사는 괴물들을 양산하는 것과 다르지 않다. 노동은 행복을 가져다주기는 커녕, 삶을 뿌리부터 썩게 만들고 추하게 만든다.

무위는 몽상에 잠기고, 상상하고, 세상을 향한 호기심을 품게 한다. 정신은 방랑한다. 방랑하는 정신은 일련의 혜택을 만들어낸다. 근심 걱정을 해소시키는가 하면 기분전환과 위안을 가져다주기도 한다. 또한, 방랑하는 정신은 매우 창조적이기도 하다. 우리의 정신은 어떠한 압박이나 미리 정해진 프로그램에 구애받지 않으며 자유로이 부유하는 동안 앞으로 취해야 할 태도를 결정하고, 행동의 방향을 정하며, 앙

가주망(engagement)을 결심한다. 그러므로 그럴 만한 역량을 가진 이에게는, 중요한 일에 앞서 사전에 한가로운 무위 상태를 마련해놓는 것이야말로 존재를 위한, 나아가 더 나은 방식으로 존재하기 위한 효과적인 지렛대인 셈이다.

고대의 현자들은 아타락시아(ataraxia, 근심걱정이 없는 상태)를 행복의 조건이라 생각했다. 이들 가운데 한 사람인 에피쿠로스(Epikuros)는 영혼의 휴식상태, 미래나 타인에게 비춰질 자신의 이미지, 소유욕 등과 연결된 근심과의 단절에 높은 가치를 두었다.

문화적인 관점에서 과잉 활동을 공격하는 것은 서양 철학의 경계를 훨씬 넘어서는 일이다. "아무것도 하지 않으면서 편안하게 앉아 있기"는 선방 스님들이 소중히 여기는 격언 중 하나이다. 노자는 무위이무불위(無爲以無不爲), 즉 아무것도 하지 않음으로써 무언가를 하기를 권고한다. 이 점에서 극동의 현자들은 서양의 대가들과 맥을 같이한다. 수학자이자 철학자인 버트런드 러셀(Bertrand Russell)은 한가로움을 문명의 씨앗이라고 말한다. 그는 《게으름에 대한 찬양》에서, "일하지 않는 한가로운 계급이 없었다면, 인류는 결코 야만 상태로부터 벗어나지 못했을 것"이라고 말했다. 그는 영국 웨일즈 지방의 귀족이었다. 오늘날 영국인들은 가장 고삐 풀린 자본주의에 물불 가리지 않고 뛰어들고 있다. 이들이 러셀의 책을 읽고 또 읽을 수만 있다면….

둘째, 한가로움은 자유를 안겨준다. 우리가 아무것도 하지 않을 때, 우리는 아무것에도 소용되지 않고, 경제적 필요성에 따라 우리를 감금하는 유용성의 영역으로부터 벗어날 수 있게 된다. 비록 실재의 판도를 바꿀 수는 없다 할지라도 (실재라는 것도 따지고 보면 인간의 의지와 행동이 만들어낸 산물이긴 하다.) 오염된 정신을 벗어던지고, 우리가 처한 이념적 조건에 대해 급진적 관점에서 비판하는 일은 여전히 가능하다는 말이다.

'한가로움(oisiveté)'의 라틴어 어원인 '오티움(otium)'은 '자신을 형성하고, 교양을 쌓고, 영혼을 배양하는 시간, 자신을 완성하기 위한 시간'을 의미했다. 고대의 삶은 지금과는 다른 기준, 즉 오늘날과는 정반대의 기준에 따라 측정됐다. 오늘날의 노동, 즉 당시의 '네고시움(negotium)' ─ 오늘날 '상업(négoce)'이라는 단어의 연원 ─ 이란 단어는 여가의 부재를 의미했다. 오늘날 그 관계는 역전되었다. 긍정적인 뜻과 부정적인 뜻의 자리가 바뀐 것이다.

이렇듯, 상업이란 단어는 한가로움을 부정하는 말이 되

었다. 아무것도 하지 않는 것은 저항 행위, 심지어 세계 경제 구조가 우리를 그 부속물로 환원시키려고 기를 쓰는 그 상업 활동에 반기를 드는 폭동 행위로 간주되기에 이르렀다. 곰곰이 따져보면, 바캉스를 보내는 것조차 이미 하나의 정치적 앙가주망인 셈이다. 생각해보면, 우리는 유급휴가를 쟁취하기 위해 얼마나 많은 투쟁을 치러야 했던가.

다시금 여유롭고 한가해진 우리는 인간이나 자연에 대해 덜 공격적이고 모든 사람의 행복을 지향하는 또 다른 경제적 운영방식의 가능성을 부정하는 시스템으로부터 해방되는 셈이다. 한가로움은 미쳐버린 세계를 비판하기 위해서 반드시 필요한 우리의 유토피아이다.

셋째, 한가로움은 치유를 가능하게 해준다. 한가로움은 우리 자신을 변화시키는 데 도움을 준다. 해변에서 우리는 여유를 되찾게 되는데, 이는 곧 본연으로 돌아간다는 의미인 동시에 스스로에게 질서를 부여함을 뜻한다. 자신에게 좋은 것과 그렇지 않은 것을 구분하고, 가치관을 바꾼다는 뜻이기도 하다. 우리는 자유롭게 주관성을 행사함으로써 스스로를 원하는 대로 정비할 수 있다. 즉, 우리는 우리 자신의 주인이자 우리 자신을 구축하는 작업장이면서 도구가 된다. 한가로움의 가치를 열렬히 옹호했던 몽테뉴는 당당하게 말했다.

"나는 있는 힘껏 나 자신에게 모든 것을 쏟아 붓는다."
나 자신에게 모든 것을 쏟아 붓는다… 과연 이 표현을 어떻
게 이해해야 할까? 이기적인 행태를 취하라는 뜻일까? '자
기애(narcissism)'를 공고히 하라는 뜻일까? 물론 부분적으로
는 그런 뜻일 게다. 왜냐하면 자존감이 빠진 자유로운 주체
란 있을 수 없기 때문이다. 다시 말해, '나 자신에게 전념한
다'는 것은 권태와 슬픔, 분함, 탐욕 등의 신기루를 거부하는
일이다. 그렇다고 해서 자신을 섬기거나 '물신 숭배'의 대상
으로 삼는다는 뜻은 아니다. 우리를 있는 힘껏 존재의 실험
에 몰두하도록 이끄는 것은 바로 건강한 나르시시즘이다.

파도를 가르며 요란한 파열음을 내는 제트스키에 잠시
시선을 돌린다. 모래밭에서는 청소년들이 땀을 뻘뻘 흘리며
배구를 하고 있다. 조금 후, 우리도 바다에 풍덩 몸을 담그고
숨이 차서 더는 계속할 수 없을 때까지 헤엄을 친다. 지금 상
태에서 우리에게 필요한 것이 한 가지 있다. '아무것도 하지
않는 것'이다. 우리의 삶은 다양한 대조 속에, 수많은 왕래가
이루어지고 전망이 바뀌는 가운데 펼쳐진다.

에피쿠로스, 노자, 몽테뉴, 홉스, 스티븐슨… 우리는 모

래밭에서, 우리 주위에서, 이 기라성 같은 전 지구적 사상가들이 한가로움을 예찬하는 광경을 상상해본다. 눈에 보이지 않는 이 대가들의 회동 덕분에, 우리는 행복하고 더욱 강해졌다고 느낀다. 이제 머릿속에서 '효율성'이라는 알프스의 산바람, '생산성'이라는 남프랑스의 북풍 같은 온갖 역풍에 맞서 싸우기 훨씬 더 수월해졌다.

한가로움 속에서 '가능성'이라는 거대하고 아름다운 작업장이 펼쳐진다. 아무것도 하지 않으면서 자기 자신을 만들어가기. 앞으로 한 달 동안이 이렇게 살 수 있다니…!

아무것도 알지 못한다

지금 몇 시나 되었을까? 달아오른 대기의 장막 속에서 요동치는 이 해변은 어떤 현실로 이루어져 있을까? 나를 가지고 무엇을 해야 할까? 어떤 몽상을 좇을까? 우리가 동물의 눈으로 쳐다보는, 겉보기엔 고요하기만 한 이 구름들은 어디로 끌려가는 것일까? 나른하고 감미로운 오후, 삶은 마치 망각과 무심함의 파도인 것처럼 격렬하지 않게 목적지 없이 퍼져나간다. 행복한 무지의 현기증. 불가지(不可知)의 무한한 즐거움.

"내가 아는 것이라곤 단 하나뿐인데, 그 하나는 바로 내가 아무것도 모른다는 사실이다."

소크라테스가 말했던 유명한 이 한마디는 이곳에서 유난히 빛을 발한다. 이 말을 상투적이고 진부한 광고 카피 대신, 뻐꾸기 부리에 물려 텅 빈 하늘이라는 배경화면에 가득 펼쳐 놓을 수도 있지 않을까.

고대 아테네 시민들은 운이 좋았다. 매일 거리에서 소크라테스와 마주치고, 그가 한 수수께끼 같은 말이 무슨 뜻인지 설명해달라고 청할 수도 있었으니 말이다.

"아무것도 알지 못하다니, 그것이 정말 가능한가? 당신이 그토록 단호하게 말하는, 그 아무것도 아니란 것은 대체 무엇인가? 그런 소리를 늘어놓다니, 당신은 진지한가?"

지금 우리가 머무는 해변으로 소크라테스가 찾아와 답변을 들려줄 리는 없다. 하지만 그런 건 상관없다. 만일 소크라테스가 우리 앞에 있다면 뭐라고 대답할지 어렵지 않게 짐작할 수 있으니까.

"내가 아는 것이라곤 단 하나뿐인데⋯."

그러면서 그는 우리가 자신만의 앎, 자신만의 진리를 끄집어내도록 도와주는 진리의 산파 역할을 할 것이다. 결국 스스로 답변을 찾는 것이나 마찬가지다.

그런데 답이 있기는 할까? 또 다른 그리스 철학자인 피론(Pyrrhōn)은 "답이 없다."고 단언한다. 피론은 알렉산드로스 대왕의 동방원정에 동행했던 것으로 알려져 있다. 그는 원정 중에 인도의 현자들과 접촉했으며, 그들의 회의주의 철학을 서양에 도입했다고 전해진다. 회의주의 철학은 세 가지 대원칙을 기반에 두고 있다. 첫째, 세계는 무심하다. 둘째, 따라서 우리는 그 어떤 것에 대해서도 의견을 삼가는 것이 바람직하다. 셋째, 침묵하고 동요하지 않는 것이야말로 행복에 이르는 길이다.

여름날의 느슨하고 아련한 이 시각, 세계와 정체성조차 아지랑이처럼 가물거리는 바로 이때, 우리는 그 어떤 사전 고행 훈련 없이도 열렬하면서 평온한 회의주의 신봉자가 된다.

일반적으로 문화, 생활방식, 사회계층, 직업 등에 의해 산출되는 일련의 확신은 우리의 사유를 단단히 붙들어 맨다. 사물을 바라보는 우리의 비전은 지속적인 사유의 공급에 의해 '틀'이 형성된다. 따라서 습관적인 기준 체계를 잠시 접어 두고, 아무것도 알지 못하는 상태에 놓이는 것은 유익하고 바람직한 일이다.

이와 동시에, 또 다른 하나의 무지가 고개를 내민다. 세상에 대해서 뭔가 알고 있다는 확신이 흐려지면서, 자기 자신을 진정으로 알고 있다는 확신도 무너지는 것이다. 파도는 내면의 만리장성 같은 벽과 지하실 같은 구조물을 쓸어버린다. 그와 동시에, 감각이며 욕망, 사유도 파도의 소용돌이 속에 휩쓸려버린다. 우리에게는 이제 직업도 사회적 지위도 없다. 살아온 내력도, 이름도, 얼굴도 어디론가 쓸려갔다. 신분증도 잃어버렸다. 자아도 없고 나도 없다. 더 이상 할 말도 없다. 우리의 정신은 하늘처럼 파랗다. 우리는 영혼이 가벼워지고, 텅 비었으며, 고요하고, 평온해졌다고 느낀다. 이렇듯 대대적인 세뇌 덕분에 우리는 사유하고 판단할 수 있는 자유를 되돌려받는다.

자발적인 무지와 기꺼이 자인한 우둔함이 빚어내는 기적. 그 기적은 앎의 기제를 백일하에 드러낸다. 지식의 이면에 감춰진 포악하고 소모적인 권력에 대한 의지. 그것이 함유하고 있는 가식적 면모(진리란 일시적인 이야기일 따름이다.)…. 늘 앞으로 도래할 것이고, 앞으로 쌓아올려야 하며, 앞으로 완벽하게 가다듬어야 하는 지식의 불완전성.

철학자들은 회의주의적 관점이 지니고 있는 부조리함을 입증하기 위해 애를 썼다. 회의주의 철학은 두 번씩 스스로를 부정한다. 우선, 모든 입장을 평등하게 취급하기 때문에 스스로를 여타의 입장과 동일 수준에 위치하게 한다. 다음으로, 회의주의 철학은 회의를 '도그마(dogma)'로, 불확실성을 '진리'로 탈바꿈시킨다. 회의주의 철학에서는 자신이 세운 기준이 여타의 입장들보다 나을 것이 없게 되고 만다. 그럼에도 불구하고, 회의주의는 인류에게 매우 유용한 지표들을 남겼다. 애초에 '회의적(sceptique)'이란 단어는 '검토(skepsis)'와 연결되어 있었다. 회의적인 인간은 진리를 검토할 수 있을 뿐, 그 진리를 소유하지는 못한다. 행복해지려면 상황을 관찰하고 세상이 어떻게 기능하는지 이해하기 위해 노력을 기울여야 한다. 모든 판단을 삼가며, 바로 이 같은 판단중지[11] 속에서만 유일하게 견지할 만한 태도가 찾아진다.

회의주의는 일견 손쉬운 태도처럼 보이지만, 실은 우리를 복잡하게 얽히고설킨 상황으로 이끈다. 우리의 삶은 선택과 결정, 선호와 거부로 점철되어 있기 때문이다. 하지만 회의주의 철학은 우리의 견해를 선별해야 할 필요성을 역설하고, 즉각적인 판단중지의 이점을 강조한다.

이 급진적이고 파괴적인 철학적 태도는 회의를 적극적이고 건설적인 사유의 계기로 높이 평가하기에 이르렀다. 데카르트(René Descartes)가 "나는 생각한다. 고로 존재한다."고 확신했을 때, 그러한 확신의 토대가 되어준 것은 바로 지식체계와 세계의 존재 자체에 대한 회의였다. 데카르트는 자신의 지식과 그 지식을 획득한 방식, 그러니까 감각과 학교교육을 통한 지식 등에 대한 의지적이고 통제된 회의를 통해이처럼 확신에 찬 명제에 도달했다. 나는 회의한다. 고로 나는 사유하고, 뭔가를 알고 있다는 사실을 확신한다. 더불어,

---

11 어떤 것에 대해서도 확실한 판단을 내리는 것은 불가능하므로 모든 판단을 중지해야 한다고 주장한 피론의 이론.

나는 모든 인식을 지배하는 것, 즉 존재한다는 확신을 재발견한다. 바로 이러한 토대 위에서 데카르트는 현대과학의 발달에 영향을 끼쳤다. 알지 못한다는 것이 새로운 지식으로, 달리 표현된 지식으로 이끈 것이다.

고대의 회의론자들에게 판단중지는 윤리적 차원을 내포하고 있었던 만큼, 이제 우리가 그 점에 다시금 주목하게 되어 다행스럽다. 오늘날 세계는 아는 것이 많은 사람들, 곧 온갖 종류의 전문가들과 각종 종교인들로 가득하다. 과학기술의 발달은 온갖 종류의 전문가들을 증식시켰고, 영적 탐구의 확산은 각종 종교인들을 많아지게 했다. 그런데 철학을 한다는 것은 제3의 길을 신중하게 모색하는 일이다. 바로 그 제3의 길을 열어가는 과정에서 우리는 편견과 도그마, 관습, 우상, 금기를 분석하고, 개개인이 자신을 위해 만들어가는 다양한 가치들을 분석한다.

사이비 과학이나 종교의 모습을 한 이념들은 실천에 관한 진리와 비전을 사람들에게 제시하고, 그들의 머릿속을 독점하며 실천을 강제한다. 반면 철학은 스스로를 지식으로 포장하지 않고, 대신 자유로운 경험을 위한 장을 펼쳐놓고자 한다. 해변에서 우리는 어떤 성인을 기리고, 어떤 예언자에게 귀 기울이며, 어떤 신에게 기도해야 할지 알지 못한다. 더구나 우리는 굳이 믿으려 하지도 않을뿐더러 으레 무거운 짐이나 환상을 동반하는 신앙 따위를 필요로 하지도 않는다. 우리는 모든 것을, 다시 말해서 각종 신들은 물론 인간, 초인(超人) 등 우리에게 버거운 이상적 존재들일랑 모두 옆으로 치워놓는다.

아무것도 알지 못한다는 것은 즉각적인 믿음의 유혹에 굴복하기를 거부하는 일이자, 공허의 순간을 받아들이는 일이다. 그것은 존재의 체험에 대해 마음을 여는 것이다. 심지어 그 체험은 거기에만 국한되어 있으란 법 없이, 과학적 지식이나 신앙을 통해 이루어질 수도 있다.

우리가 아무것도 알지 못한다는 사실을 안다고 함은 다른 사람들이 모르는 것을 안다는 의미가 아니다. 아는 것이라고는 하나도 없다거나, 모든 것을 마비시키는 회의주의에 빠져 있다는 의미도 아니다. 분명 소크라테스가 말하고자 했던 것도 바로 그 점일 것이다. 절대적인 진리는 존재하지 않는다는 사실 말이다. 우리는 무지상태에 있을 때라야 비로소 진리를 향한 문을 연다. 사실인즉, 우리에게는 진리가 결핍되어 있으며, 그 사실을 언제나 염두에 두어야만 한다.

아무것도 알지 못한다는 것은 '눈 가리고 아웅' 식으로 세계의 활동에 대해 눈을 감는 것도 아니고, 무식한 사람이 정신의 빈약함을 부인하거나 무관심으로 감추려 드는 행태도 아니다. 오히려 그와 반대로, 진리를 향해 나아가는 것이며, 하나의 진리에서 다른 하나의 진리로 옮겨가는 과정을 경험하는 것이다.

해변에서 우리는 바다와 하늘이 연출해내는 이중의 푸른 장막을 마주한 채, 한 발짝 뒤로 물러서본다. 우리는 오늘 이 오후 시간이 짧은 유예의 시간임을, 이 같은 일시적 정지의 순간은 곧 끝이 날 것이며 그러고 나면 다시금 일상과 몸싸움을 벌여야 하고, 또 거기에 의미를 부여해야 한다는 사실을 잘 알고 있다. 우리는 세상을 피하기 위해 사는 것이 아니라, 세상이라는 문제적 존재를 인정하고 그것을 체험하기 위해 산다.

우리는 아무것도 알지 못하지만, 이 같은 '앎의 중지'를 통해 우리의 사유는 욕망에 성큼 다가섰다. 우리는 적어도 여름의 한순간 동안만큼은, 아무것도 알고 싶어 하지 않을 수 있다. 그럴 때 비로소 세상은 늘 달아나며 새로워지고 있음을, 그러면서 다시 탄생하고 있음을 발견하게 된다. 우리의 허약한 지식, 또는 비(非)지식은 그 같은 세상의 시작점을 포착하는 가장 확실한 길이며, 우리 자신이 새로워진 것과 동시에 그 세상을 새롭게 만드는 길이다.

우리는 안에서나 밖에서나, 있는 그대로의 존재가 찾아오도록 내버려둔다. 조만간 이 순간도 주의를 산만하게 만드는 무엇인가 혹은 약간의 권태 같은 것으로 인해 멈춰버릴 수 있다. 그러면 우리는 본연의 세상과 본연의 우리 자신으로부터 떨어져나오게 된다. 그리고 나서는 금세 편협하기 짝이 없는 확신 속으로 다시금 빠져들게 될 것이다. 비지식은 마치 성긴 체와 같아서 공백이자 여가의 순간이 된다. 이 풍성한 휴식의 시간을 남김없이 만끽해야 한다. 미세하기 이를 데 없는 틈새일지라도 그것이 계속 넓어지도록 내버려두어야 한다.

아무것도 알지 못한다는 것은 곧 기대와 그 기대가 제공하는 놀라움에 눈을 뜨는 일이다.

현재에 산다

아침 햇살이 해변의 한 카페 테라스에서 노닌다. 사물들은
꼼짝 않은 채 잠재적 상태에서 숨을 죽이고 있다. 주변의 삶
은 느릿해진 듯하고, 느린 삶이 쏟아내는 음악소리는 잦아든
듯하다. 모든 것이 고요하게 정지되어 있고, 파랗다. 우리는
마침내 텅 비고 평온하다고 느낀다. 호기심으로 가득 차 있
으며 어설프다고도 느낀다. 시간은 우리 앞에 끝없이 펼쳐진
다. 시간은 마치 마음처럼, 입처럼 열린다. '현재'라는 순간
이 주는 현기증.

   우리는 현재를 붙잡을 수 있을까? 플래너, 스케줄 수첩
속에서 더, 더, 더 '미래화' 되어가기만 하는 우리의 시간. 우
리의 기대, 계획, 전망들이 모든 시간을 빨아들인다. 크리스
마스 파티는 11월부터 준비하고, 여름 바캉스는 3월에 계획
한다. 아이는 최대한 빨리 어른이 되기 위해 유년기를 건너
뛴다. 우리를 언제나 바쁘게 떠다미는 이 같은 개인적 혹은
집단적 급박함으로 인해, 우리에게는 그저 별것도 아닌 시간

만 남는다. 그 시간은 아무것도 아닌 것의 시간과 헷갈릴 정도로 닮았다.

하긴, 이런 사실은 새로울 것도 없다. 스토아학파 철학자인 키케로(Marcus Tullius Cicero)는 이미 다음과 같은 말로 시간을 둘러싼 광기를 비난했다.

"정신 나간 사람들은 미래의 자산을 기다리며 산다. 그 자산이 불확실하다는 것을 아는 까닭에 그들은 조바심과 불안으로 기진맥진하다. 정신 나간 사람들의 삶이란 배은망덕하고 좌불안석이다. 그들의 삶은 온통 미래를 향해 달려간다."

키케로의 뒤를 이어 파스칼(Blaise Pascal)도 이 같은 미래로의 도피가 널리 퍼져 있음을 통탄했다.

"인간적 광기의 한 면모. 우리는 결코 현재 시간을 존중하는 법이 없다."

우리는 그 위에서 미끄러진다. 현재는 우리를 혼란에 빠뜨린다.

우리 시대는 이처럼 일상화한 광기에 '즉각성'이라는 독재자까지 보탠다. 우리는 오늘날의 기술이 허락하는 속도 내에서 '실시간'으로 소통하고, 결정하고, 행동하길 원한다. 1초라도 허비하면 지루해하고 이는 곧 짜증과 심각한 동요를 야기한다. 그러나 우리가 아무리 우기거나 부인해도, 또 아무리 그걸 떠받든다고 주장해도 우리는 현재를 상실한 채 억압돼 있다. 그러면서 우리 자신을 받아줄 시간을 찾아 헤매는 중이다. 우리는 고향땅과 자기 문화를 상실한 이주민처럼, 시간을 잃어버린 이주민인 셈이다.

우리는 자신의 조바심과 탐욕에 맞춰 시간을 마음대로 좌지우지하려 든다. 충동적으로 시간을 쪼개어, 자디잘고 다양하면서도 서로 무관한, 무수히 많은 조각으로 흩어놓는다. 우리는 그렇게 해서 무한한 현재 속에서 길을 잃게 되는 것이다.

이렇다 보니 시간이 빨리 가지 않아 시간을 가속화시키거나, 반대로 시간이 너무 빨리 가서 그 시간을 미처 따라잡지 못하거나 둘 중 하나다. 어떤 경우든 간에, 우리의 통상적인 시간 경험, 그러니까 일상에서 경험하는 시간은 스트레스와 좌절로 귀결되곤 한다. 우리는 불만족스러운 상태에서 살아간다. 그것이 바로 우리가 현재를 멀리한 결과이다.

행복을 파는 상인들이 여름철 낮잠에서 깨어난 것도 바로 이 때문이다. 그들은 우리 곁으로 다가와 시간에 대한 교훈을 주려 한다. 세계가 영원하지 않다거나, 로마의 풍자시인 호라티우스(Flaccus Quintus Horatius)가 삶의 의욕을 촉구하며 제시한 멋진 경구인 "카르페 디엠(carpe diem)"을 읊조리는 식으로 조언을 아끼지 않는다. 이 말은 흔히 "현재를 살라."라는 의미로 번역되어 전해지지만, 사실 직역하면 "그날그날을 꺾으라."는 뜻이다. 그날그날을 꺾으라니. 과연 우리는 그럴 수 있을까? 그렇게 할 줄 알까? 비록 실제로 살아지고 체험되고 의식에 의해 포착되는 시간이라고는 하지만, 현재란 더 이상 존재하지 않는 과거나 아직 존재하지 않는 미래와 마찬가지로 쉽게 증발해버리는 것, 실체가 없는 것인데 말이다.

어떻게 오늘을 포착할 것인가? 오늘, 즉 현재라는 시간은 움직이지 않는 것처럼 보이지만 우리의 전적인(사회적, 물리적, 정신적) 대비에도 불구하고, 끊임없이 도망치고 있다. 그러면서 우리를 모래밭에 우두커니 서 망연자실하게 만든다. 부동(不動)하고 밀도 높은 이 시간, 모래밭에서 낮잠을 즐기는 사람이 비치타월을 휘감듯 스스로를 휘감아버리고서 도망치는 시간을 도대체 어떻게 취할 수 있단 말인가? 지금 이 순간, 시간에 대한 우리의 욕망은 흔들리면서 희미해진다.

지금이라고? 하지만 언제나 무한히 쪼개지거나, 지나가는 동안 희석돼버리는 지금이라는 시간은 과연 무엇이란 말인가? 포착할 수 없는 것. 우리가 아무리 그걸 붙잡을 수 있다는 듯이 행동해도, 그것을 붙잡으려 애를 써도 소용없다. 시간은 끊임없이 현재를 관통하고, 충전하고, 북돋우니 말이다.

우리는 진정으로 현재를 살 순 없다. 현재는 나타나는 순간, 바로 거기 있는 올이 풀리면서 자취를 감춘다. 현재는 사물도 아니고, 소유할 수 있는 재산도 아니다. 자신의 시간을 꽉 붙잡아두고서 여유를 부린다는 건 애초부터 불가능하다. 우리의 손은 파도에 발을 담근 채 장난치는 아이가 들고 있는 작은 체처럼 구멍이 숭숭 나 있다.

게다가 우리는 창창하게 펼쳐질 앞날에서 피난처를 찾기 위해 미래로 치닫거나, 과거를 마치 사라져버린 황금시대인 것처럼 만들어 매달리면서, 현재가 주는 고통에서 벗어나려 기를 쓴다. 게다가 설사 그것이 행복한 것일지라도 현재라는 시간은 이내 우리에게 고통을 준다. 어차피 현재에서는 일시적이고 덧없는 행복이 스쳐 지나갈 뿐이므로.

그날그날을 겪으라니. '그날'이라는 것이, '현재'라는 시간이 우리의 비참함만을 일깨워준다면 그날을 겪는 게 대체무슨 소용인가?

그러나 이 아침, 현재가 문을 활짝 열어젖히고 우리를

부르는 이런 여름날 아침이라면, 그런 문제는 대번에 봄눈 녹듯 녹아버린다. 이 여름날 아침, 미래는 저만치 먼 곳으로 쫓겨나고, 과거도 사라졌다고 느껴지기 때문이다. 우리는 다른 차원, 즉 가능한 시간, 가능한 것의 시간으로 진입한다. 우리의 모든 투사(投射), 조바심, 히스테리 발작이 증발해버린다. 어차피 그런 것들은 한낱 회피를 위한 방어책에 불과했으니까.

현재는 살기 위해 주어진 시간이다. 우리는 해변에서 보내는 이 아침처럼, 유유자적한 시간이 언제까지고 계속될 것 같은 이 아침처럼, 그것이 당장엔 아무 짝에도 소용이 없다고 느껴질 때 비로소 '현재의 효용성'을 발견하게 된다. 무용성과 부조리 속에 정지된 이 순간, 목적도 의미도 없는 이 순간은 우리에게 사유와 감각, 감정, 행동 등으로 채워야 할 공백을 내민다.

바캉스라는 은총 덕분에 미래에 대한 근심걱정에서 멀어진 우리는, 현재가 의식을 향해 회귀하고 그 안에서 잠시 똬리를 틀며 한 몸이 되는 것을 느낀다. 이 같은 회귀는 마치 계시와도 같다. 우리의 존재란 결국 '시간'이고, '시간의 체험'이며 '시간을 보내는 체험'이기 때문이다.

여름날 아침이 시간의 흐름을 늦추고 이를 붙잡아두는 동안, 이미 알고 있었지만 정신없이 돌아가는 일상생활에 가려 있던 하나의 진리를 되찾는다. 우리에게는 사유할 시간, 자신에 대해 사유할 시간이 있다는 것이다. 의식이 깨어 있는 현재가 없다면, 우리는 마치 불가능한 욕망에 사로잡혀 우왕좌왕하는 불행한 유령처럼 방황할 수밖에 없을 것이다. 현재의 부름은 바로 의식 있는 삶으로의 초대이다.

현재라는 괄호 속에서 우리의 삶은 한층 강렬해진다. 우리는 갑작스런 현존, 존재의 위력, 존재의 기쁨 등으로 충만해짐을 느낀다. 물론 '순간'이 더 큰 행복을 가져다주지는 않는다. '순간'은 행복의 조건이 아니다. 그러나 '순간'은 행복의 계기가 되고 중요해지며, 그것의 가치를 당당하게 내보인다. 이는 바로 고대 철학이 주는 가장 커다란 교훈 중 하나이다.

이렇듯 현재에 대한 관심, 지나가는 지금 이 순간을 향한 집중이 수동적인 황홀경으로 환원될 수는 없다. 그것은 진행 중인 활동에 초점을 맞추는 것이기도 한다.

"매 순간 네가 팔에 들고 있는 것에 온 힘을 기울일 수 있게 노력하라."

마르쿠스 아우렐리우스(Marcus Aurelius Antoninus)[12]가 한 말이다. 이 말에 따르면 여기 해변에서의 노력이란, 잘 지내면서 현재의 의미를 되찾는 일 정도가 될 것이다. 하지만 이 말은 정신의 해이와 오락을 피하고, 불안함이나 타인에 대한 판단 등을 멀리하면서, 어떤 식으로든 행동에 나서라는 뜻으로 해석할 수도 있다. 우리가 자신의 존재를 구축하는 것 역시 현재라는 순간이다.

현재라는 순간에, 우리는 스토아학파 철학이나 선방(禪房)의 궁사가 되는 셈이다. 궁사는 과녁을 맞히려고 노력하는데, 바로 이 노력 자체가 그의 행위에 의미와 가치를 부여한다. 과녁을 맞히는 행위는 그 자체로 목적이 아니다.

이렇듯, 현재라는 순간은 그 자체로 의미나 가치를 갖지 않는다. 그런 까닭에 고대 철학자들은 "카르페 디엠"과 같은 경구를 정형화된 지침으로 삼지 않았다. 대신 '현재'를 매일 실천해야 하는 훈련 과제로 삼았다. 현재를 산다는 것은 즉각적이고 자명하게 드러나지 않으며, 정신적 여유와 의지, 노력을 필요로 한다. 저절로 되는 것이 아니다. 유치하고 쓸데 없는 엉뚱한 짓거리와, 책임감을 바탕으로 탄탄히 구축된

---

12 로마제국의 제16대 황제. 5현제의 마지막 황제이자 후기 스토아학파 철학자로 《명상록》을 남겼다.

욕망을 구분할 줄 알아야 한다.

그렇게 했을 때 비로소 시간의 1차적 요소 안에서, 우리가 머물고 경험하고 사유할 수 있는 유일한 시간적 차원 속에서 부유하는 셈이다. 기적처럼 현재에 접근이 가능해지고, 마침내 현재를 꺾을 수 있다. 이제 "카르페 디엠"의 명령, 호라티우스가 외친 아름다운 삶으로의 권유에 기꺼이 복종할 수 있게 된다.

그런데 이쯤에서 그 의미를 수정할 필요가 있다. 라틴어 동사 '카르페레(carpere)'는 뽑아내는 행위에 의한 포획의 의미를 내포한다. 또한 이 동사는 '뜯어먹다', '풀을 뜯다'라는 의미도 가지고 있다. 그러므로 '현재를 붙잡는다'는 것은 그것을 영양분으로 섭취하고, 포식하고, 동물적 감각을 동원해 자신의 것으로 삼는다는 의미이기도 하다.

신체적인 동시에 정신적인, 이 같은 동화 과정을 거치고 나면 우리는 어떻게 될까? 답은 간단하다. 우리는 우리 자신이 된다. 시간의 존재 또는 우리가 결국 보지도 못하고, 알수도 없고, 겪을 수도 없는 바로 그 시간 속의 존재가 된다는 말이다. 탄탄하게 구축된 현재의 경험은 궁극적으로 우리를 이러한 자각, 이러한 발견으로 이끈다.

현재에 살고, 현재를 산다는 것은 시간의 기원에서 존재의 자유를 회복하는 일과 다르지 않다. 우리의 사유, 우리의 욕망, 우리의 행동이 동일 선상에서 하나로 통합되는 시간. 이렇게 이루어진 통합체는 유동적이며 불확실한 현재의 이미지를 그대로 지닌다. 그러므로 "카르페 디엠"은 있는 그대로의 우리를 다시 붙잡으라는 응원인 것이다.

현재의 순간이 빚어낸 야릇한 연금술. 한편으로 그것은 우리가 이미 알고 있는 것, 즉 시간 속의 존재로서 우리가 안고 있는 나약함과 비극성을 일깨운다. 그러는 한편, 이 같은 자명한 이치로의 회귀는 마치 새로운 사실처럼 여겨진다. 쏟아지는 햇빛 아래 앉아서 우리는 바로 이 현재의 순간을 전례 없는 사건, 다시 말해서 평소 같으면 각종 제약과 의무로 인하여 우리가 외면해버렸을 우리의 자아와 세상이 새삼스럽게 태어나는 사건에 놀란다. 우리가 현재의 '풀을 뜯을' 때, 우리는 새로워지고 또 다시 새로워진다. 우리는 스스로 현재에 의미를 부여하고, 선택하고, 건설할 수 있는 자유와 힘을 회복한다.

이제 우리는 현재를 음미하고, 소화하고, 우리 것으로 만든다. 우리는 현재를 더욱 충만하게 채우고, 공유하고, 세상에 퍼뜨리고 싶어 한다. 그 무엇도 멈추지 않을 것이다. 이 여름은, 의식의 어두운 구석에서 숨죽이고 있는 시간의 진실, 곧 잔인하고 절망적이게도 현재라는 시간은 끝날 것이라는 진실을 정지해둘 수 있다. 우리는 또다시 눈먼 단거리 선수마냥 다시금 우리의 시간을 향해 달려나갈 것이다. 하지만 당분간은 수수께끼와 드잡이해야 한다. 우리는 흘러가는 시간의 존재이고, 짤막한 개인사이고, 직설법 현재로 쓰인 이야기일 뿐이다.

우리는 이 같은 쓸쓸한 자각뿐 아니라 해변 위로 모습을 드러내는 햇빛도 끌어안은 채, 앞으로 나아가야 한다. 그 두 가지 모두 우리에게 살고 또 살라고 부추긴다. 현재라는 괄호 속에서 영원히 새로워지라고 옆구리를 찔러댄다.

옷을 벗는다

못생긴 엄지발가락, 출렁이는 뱃살, 삐죽삐죽한 털…. 우리는 벌거벗어야 하는 순간 몸을 감추고 싶어 한다. 체형을 고쳐 몸을 새로 만들고, 멋있어지고 싶어 한다. 몸이 전혀 마음에 들지 않는다. 게다가, 나의 벗은 몸은 남들의 시선을 끈다. 다른 어느 때보다 훨씬 집요하고 추궁하는 듯한 시선들을 말이다. 해변에서 벌거벗기란 여간해서 쉬운 일이 아니다.

거추장스런 옷으로부터 해방되고, 그 옷들이 드러내는 사회적 신분을 벗어던지고, 좀 더 자연스럽고 좀 더 진실한 자기 자신이고 싶었으나, 머릿속으로 뒤틀린 생각들이 스며들면서 두려움과 의혹 또는 분한 마음이 스멀스멀 싹트기 시작한다. 이제 우리는 우리의 몸과 몸의 이미지, 그 이미지를 좌지우지하는 규범과 과감히 맞서야 한다.

날이면 날마다 포토샵으로 매만져진 스타들의 사진이 우리 앞에 쏟아진다. 미끈하고 우아한 몸매들이 광고 지면을 도배한다. 잘 가꿔지고 보정된 저 몸들과 허물투성이인 우리의 몸 사이에는 뛰어넘을 수 없는 심연이 가로놓여 있다. 스타들의 멋진 육체는 이상의 하늘을 날고, 우리의 육체는 모래밭 바닥을 기는 수준이다. 요컨대, 우리의 육체는 차마 드러내 보일 수 없다. 우리 몸은 비참하다. 육체의 경험은 이미지를 통해서, 지각을 통해서 이루어지며 우리는 이제 그것들이 지니는 모든 한계를 절실하게 통감한다.

철학을 한다는 것은 벌거벗는 일이다. 철학적 훈련은 우리의 외양을 타인의 시선에 그리고 우리 자신에게 내보이는 상황 속에서 이루어진다. 철학적 훈련은 우리의 행동과 사유를 통해 우리 삶 전반으로 확산된다. 우리는 끊임없이 집요한 환상과 습관, 편견을 떨쳐내야 한다. 즉 자기 자신, 곧 본능적인 반응이나 순간의 욕망에 역행해야 한다.

하지만 변덕스럽고 끈기가 부족한 우리의 정신은 자주 우리의 손아귀를 벗어난다. 우리의 정신은 우리가 정신에 맞서듯, 우리 자신에게 맞선다. 우리가 홀로 사유할 때면 우리 안에서 최면술사가 깨어나 사유를 방해한다. 미지의 것, 새로운 것, 다른 것에 뛰어들지 못하도록 가로막는 것이다. 조심성의 원칙은 우리의 게으른 의식에도 똑같이 적용된다.

우리는 자신과 자신의 삶에 대해 생각하고 이를 정리해 중요한 결정을 내려야 할 때, 어려움을 느낀다. 그럴 때면,

마치 다른 사람들에게 몸을 내보일 때와 마찬가지로 곤혹스러운 시련을 겪게 된다. 우리는 자신이 허약하고 무능력하다고 느낀다. 그렇기 때문에 우리는 즉각적으로 지각하지 못했던 것을 나타나게 하고 이를 인정해야 한다. 그것은 이제까지 잠재해 있었거나 형태를 갖추지 못하고 있던 사유의 형식과 내용을 드러내는 행위이다. 그것은 몸을 거울에 비춰보는 것처럼 사유하는 사람을 '집중 조명'하는 행위라고 할 수 있다. 모든 진리가 그렇듯, 처음에는 사유하거나 말하기에 적절해 보이지 않는다. 그런 것들은 우리 자신을 문제 삼고 불안하게 만들며, 우리에게 불리한 음모를 꾸미기 때문이다.

한편, 사유한다는 것은 '지배적인 사유'와 반대되는 길을 가는 것이기도 하다. 그 지배적인 사유가 자기와는 다르고 비판적인 관점을 거부하는 경우라면 특히 그렇다. 이러한 거부는 오늘날 각종 미디어와 거기에 몸담고 있는 전문가 집단이, 진실을 담기보다 우리를 설득하려는 의지를 담아 미리 만들어둔 견해를 쏟아내는 환경 속에서 규범으로 작용한다. '자신에 반해서 사유하기'나 '자신을 둘러싼 환경에 반하는 사유하기'가 결국 마찬가지일 정도로, 우리는 우리를 에워싼 사회·문화적 환경으로부터 지대한 영향을 받는다.

철학은 지적 나체주의나 이념적 스트립쇼로 환원되지 않는다. 하지만 효과적이고 유쾌한 '옷 벗기기'를 통해 '사유의 자원'을 공급하는 것은 사실이다. 니체의 표현에 따르면, 고대 철학은 '인간 각자의 행동 실험실'이다. 디오게네스(Diogenēs)를 비롯한 견유학파(cynicism) 철학자들은 최초로 — 그리고 사실상 마지막으로 — 철학적 나체주의를 실험했다.

견유학파 철학자들, 즉 견유주의자들은 인간 본성에 대한 명철함을 빌미로 의식적으로 부조리하고 부당하며 건전하지 못한 행동방식을 취하는 사람을 일컫는다. 견유주의자들은 도발이라는 방식을 상업체계 내에서 활용하기도 했다. 자신을 알리거나 유명해지기 위해서라면 다른 아무 목적 없이 오로지 추문을 위한 추문을 벌이는 것만큼 동서고금을 막론하고 공통적으로 사용되는 방법이 또 어디 있겠는가.

벽을 밀어버리든 추문을 일삼든 간에, 오늘날의 견유주의자는 기존 질서에 영합하는 자들이다. 이들은 자신의 행동이 어떤 결과를 초래할지 자문하지 않으며, 특히 다른 사람들에게 피해를 줄 수도 있다는 사실에 전혀 괘념치 않는다. 반면에, 고대의 견유주의자들은 관습이나 관례를 조롱하고, 끊임없이 당대인들의 삶의 방식이며 이들의 무절제한 쾌락과 돈, 명예욕, 종교, 신, 권력의지 따위를 비판하고, 모든 순응주의자와 보수주의자들을 경멸했다.

디오게네스는 기원전 4세기에 아테네에서 살았다. 그는 가난하게, 걸인처럼 살았다. 그는 커다란 항아리 속에서 살면서, 끊임없이 도발적인 말과 행동을 자행했다. 그는 당대인들의 일탈과 이들의 삶의 방식, 사유방식을 고발했다. 그는 사람들이 보는 데서도 거리낌 없이 자위행위를 하고 성관계를 갖기도 했다. 노출증이나 선정주의에 경도되었기 때문이라기보다는 주위와의 대조, 다시 말해서 교육적 가치를 지닌 도발을 위해서였다. 그는 긴 머리에 덥수룩한 수염, 승복, 지팡이, 배낭 등, 행색에서도 당시 아테네의 유행과는 거리가 멀었다.

디오게네스와 그의 추종자들은 동시대인들의 관습과 고정관념, 가치관을 흔들어놓고자 했다. 그들은 공공장소에서 소동을 부리고, 항의하고, 진실을 외쳐댔다. 그들의 진리는 소박함과 검소함, 사회적 인습의 전복이었다. 그 진리는 자연과 사회적 관습을 대립시킨다.

우리는 어째서 이들이 개를 연상시키는 견유주의자(犬儒主義者)란 이름으로 불리는지 정확하게 알지 못한다. 흔히, 이들이 떠돌이 개와 같은 삶의 방식을 택했기 때문이라고들 한다. 그런가 하면 디오게네스가 문어를 놓고 개들과 다툼을 벌이다가 죽었다는 이야기가 전해지기도 한다.

요컨대, 견유주의자로 사는 것도 가능하다. 견유주의란 이론체계라기보다 삶의 방식에 더 가깝기 때문이다. 오늘날에는 견유학파의 철학에 관해 몇몇 자료만이 전해질 따름이다. 견유주의자로 산다는 것은 아주 적은 것으로 만족하고, 최대한 자연의 법칙에 순응하며 살기 위해 신체를 단련하는 것이었다. 그렇기 때문에 디오게네스는 한겨울 눈 속이나 한여름 햇빛에 여러 시간씩 몸을 노출하곤 했다.

견유학파 철학의 세계에는 책이란 없다. 거추장스런 이론도 없고, 현란한 수사학도 없다. 중요한 건 지식이 아니라 존재이므로. 행복하게 살려면 꿈과 환상을 떨쳐버려야 한다. 받아들일 수 있는 유일한 지식이란 자기 자신에 대한 지식으로, 그래야만 자신의 전횡적 성향의 제어가 가능하다. 자신을 알기 위해서는 정신만으로는 부족한 까닭에 육체의 단련도 필요하다. 고행하는 견유주의자는 세계의 우여곡절로부터 비켜서 있다. 현자는 고집스러운 독립성 속에서 자신의 판단과 행동의 길을 찾을 수 있다.

견유주의자가 망명 추종자라는 사실은 그다지 놀랍지 않다. 고대 그리스 시절 견유주의자들은 신분과 사회적 지위를 보장해주는 도시 국가를 자발적으로 벗어남으로써 한 나라, 한 민족, 하나의 문화적 영토라고 하는 사슬로부터 풀려난 '세계 시민'이 될 기회를 잡았다. 그들은 한 도시의 시민이 아닌 국제 시민인 것이다.

우리도 디오게네스마냥 벌거벗은 상태다. 이를테면 바닷바람에 우리의 지표와 신원이 날아가버린 셈이다. 단단한 딱지가 되어 굳어버린 확신들도 날아가버렸다. 우리는 태양과 바다의 매력에 끌려 처음의 망설임도 극복했다. 주변 어디에도 잡지에서 빠져나온 듯한 인물은 보이지 않는다. 이제 우리는 주춤대지 않고 스스럼없이 옷을 벗는다. 그렇게, 세계라는 무대에 자리를 잡는 것이다. 우리는 다른 사람들이 지켜보는 가운데 우리 자신이기를 수락했다. 옷을 벗는다는 것은 자신이 스스로에 대해 믿고 있던 모습과는 다른 모습을 발견하는 것이다. 한층 대담하고, 세상을 향해 열린 모습. 옷을 벗는다는 것은 있는 그대로의 자신의 몸이 되는 것이다. 얽어매고 제약을 가하는 모델들과는 멀리 떨어진 몸, 생명을 불어넣어야 할 외양이 되는 것을 의미한다. 그것은 있는 그대로의 우리를 수락하는 것이며 그렇게 함으로써 기쁨을 느끼는 일이다.

해변은 우리를 잠시 자연으로 돌아가게 함으로써 우리를 일시적인 견유주의자로 만든다. 머릿속에서 벌거벗다니,

이 얼마나 즐거운가! 우리는 더 이상 아무것도 생각하지 않고, 심각한 시사 문제며 우리의 일상에 사유의 철도를 까는 권력으로서의 지식 따위로 골머리를 썩이지 않아도 된다. 우리는 누더기가 된 진리, 다시 말해서 문화적 기성복을 벗어 버렸다.

따지고 보면 견유주의자들은 진리의 전사였던 셈이다. 이들의 메시지가 오늘날 우리에게로 전해진다. 비판과 항변, 갈등 없이는 진리도 존재하지 않는다는 사실이다. 모든 진리는 전투이다. 고대 문화권에서는 진리를 '알레테이아(alètheia)'라고 불렀다. 탈(脫)망각, 즉 기억을 잃어버린 어둠 속에서, 아둔함 속에서 길을 잃기를 거부하는 태도를 의미했다. 요컨대 진리란 곧 깨어남이다. 이와 유사한 사례로, '계시/누설(révélation)'이란 말은 '장막(velum)'의 걷힘을 의미했다. 서양에서는 여전히 진리를 이처럼 역동적이고 탈취하거나 정복해야 할 대상으로 간주한다.

그런 까닭에, 우리는 이 해변에서, 통행이 잦은 길을 벗어나 만나게 되는 중간 공백 지대를 두 팔을 벌리고 정신을 활짝 열어 환영하는 것이다. 물론 혼란스러울 수도, 길을 찾지 못해 헤맬 수도 있다. 하지만 모든 것이 가치를 가진 듯 보이는 이 정지된 순간은 오래 계속되지 않는다. 이 순간은 비판적 검토와 선별, 폐기, 재점유를 준비한다. 철학을 한다는 것은 진리가 모래밭에 저절로 굴러 떨어지기를 수동적으로 기다리는 것으로 환원될 수 없다. 정지는 시작이자 예고일 따름이다.

그러나 그것만으로도 벌써 위안일 수도 있고, 권위에 대한 조롱일 수도 있다. 고정관념을 벗어 던진다는 것에서는 가벼움과 즐거움의 기운이 느껴진다. 옷을 벗는다는 행위 자체가, 개인적인 용도로만 사용한다면, 일종의 치유가 될 수 있다. 그런데 그 행위는 정치적 가치도 지닌다. 모든 권력은, 나아가 권력의 광신적 변형체들까지도, 유머와 해학이라면 끔찍하게 싫어한다.

벌거벗는다는 것은 사유하는 정신, 스스로를 해방시키는 정신이 제일 먼저 하는 행위이다.

자신을 북돋아준다

일광욕과 낮잠, 스포츠와 파티… 해변에서는 몸이 제자리를 되찾는다. 우리 몸은 그동안 시간과 활력이 모자라 '가뭄에 콩 나기' 식으로 찔끔찔끔 하거나 혹은 아예 할 수 없었던 온갖 종류의 활동에 몰입한다. 우리는 몸을 드러내 햇볕에 그을리게 하고, 다른 사람들에게 보여주기도 한다. 태양 아래에서 우리의 몸은 건강을 되찾는다. 평소에 그토록 혹사당했던 우리의 몸은 이제 모든 관심의 중심에 놓이고, 가장 높은 가치로 신분 상승한다. 체력단련이든 휴식이든 다 좋다. 심지어 과도해도 상관없다. 치유를 위한 마구잡이식 활동은 나름대로 유익하다. 덕분에 새로운 에너지를 공급받은 우리 몸은 갑작스럽게 강해진다. 철학에서 "정신단련에도 동시에 매진하려면, 해변을 적극적으로 이용하라."고 권유하는 것도 이 같은 이유 때문이다.

해변에서는 그동안 우리를 옥죄던 시간의 속박이 느슨해진다. 우리는 현재의 시간에 닻을 내린다. 우리의 일상을 점철하던 걱정스러운 문제들은 풍선처럼 바람이 빠져버리면서 무의미해진다. 평소 우리를 옥죄는 동시에, 삶에 대한 알리바이 역할을 해주었던 부정적 정념들일랑 잊어버린다. 이제 우리는 마음 내키는 대로 자유롭게 자신을 사용할 수 있다. 그날그날의 즐거움에, 온갖 종류의 자극에 자신을 내맡길 수도 있다. 자발적으로 자신감을 되찾는다. 우리는 행복한 고독 속에서 보호받는다고 느낀다. 여름의 문을 열어젖혀 우리의 영혼을 따뜻하게 데울 수 있게 된 것이다.

우리가 처한 환경의 조건이나 제약들을 일시적으로 잊어버리는 것이 관건이다. 이제 우리로 하여금 소소한 이해관계에 연연케 만들고 욕구를 충족시키도록 내모는 직업적 과잉활동들은 제쳐두자. 그 뿐만 아니라 직업적 과잉활동이 가리고 있는 우리의 굴종과 탐욕, 결핍이나 질병, 죽음 앞에서 우리가 느끼는 불안감 등도 내려놓자. 지식과 의식적인 사유가 주는 모든 가르침에 버금가는 강력하면서도 포괄적인 몽상 속으로 주저하지 말고 빠져들어 보자. 행복을 향해 열리는 이 순간, 우리는 이 순간을 꽉 붙들어, 이를 가꾸고 내재화하며 그것을 지속적인 덕목으로, 행동의 지렛대로 삼는다.

철학을 한다는 것은 잠재력을 되찾고 이를 최대한 활용하고자 노력하는 일이다. 따라서 우리는 자신에게 눈을 돌리고, 자신에게로 되돌아가는 일부터 시작해야 한다. 그것은 자신의 배꼽만 들여다보기 위한 것도 아니고, 고독 속에서 행복의 왕국을 되찾기 위한 것도 아니다. 그것은 인정하지 않을 수 없는 것들을 확인하기 위함이다. 우리가 스스로를 돌아볼 때, 가장 즉각적이고 통상적으로 등장하는 두 가지 치료책, 절망감과 행복감. 이 두 가지 대조적인 감정 사이의 또 다른 길, 우리가 적극적으로 참여해야 하는 길을 모색하기 위함이다.

"철학은 우리가 자신의 약점과 무력감에 대처하는 경험을 통해서 태어났다."

해방 노예 출신으로 스토아학파 철학자 가운데 하나로 꼽히는 에픽테토스(Epictetos)가 한 말이다. 스토아학파 철학자들은 인간의 약점과 무력감을 정면으로 다뤘다. 이들은 실존적 비루함 속에서 괴로워하는 인간들을 위로하려 애썼다.

고대 철학이란 어떤 면에서 인간의 고통을 다루는 '실험실'이었다고 할 수 있다. 소크라테스와 플라톤은 '즉각적인 삶'으로부터 '본질적인 삶'으로 이끌되, 차근차근 단계를 밟아가는 동종요법(同種療法)을 우리에게 제안했다. 그런가 하면 에픽테토스는 네 종류의 치료책을 제시했는데, 일종의

'약방'을 개설한 셈이다. 첫째 신을 두려워하지 말 것, 둘째 죽음을 두려워하지 말 것, 셋째 행복이 가능하다고 생각할 것, 넷째 고통이 견딜 만하다고 여길 것, 이 네 가지가 그가 제안한 치료방법이었다.

한편, 여타의 스토아학파 철학자들은 이성과 자제력의 힘을 빌려 고통을 없애는 처방을 제시하기도 했다. 영혼의 주도적인 부분이 표상과 판타지를 분석하고 선별하여 내려야 할 결정과 취해야 할 행위를 제시한다고 본 것이다.

스토아학파 철학자들은 이성을 매우 중요하게 생각했다. 이들은 세계의 흐름이 자연적으로 이성에 복종한다고 생각했다. 따라서 우리가 이성에 따르기만 하면 번뇌와 고통을 피할 수 있다고 여겼다. 하지만 그러기 위해서는 엄청난 영혼의 힘이 필요한데, 모든 사람이 언제나 그런 힘을 가지고 있는 것은 아니다. 광기도 존재하는데, 괴로움을 안겨주는 이 신비한 성질(광기라고 해서 이성이 완전히 배제된 것도 아니다.) 앞에서는 언어를 통한 치료나 화학적 약물 치료 따위가 전혀 힘을 발휘하지 못한다.

스토아학파 철학자들은 장황한 논리와 교훈의 전개를 바탕으로 하는 단련법을 권유하는데, 그 내용의 중요한 핵심만 놓고 보면 그다지 독창적일 것도 없다. 가령, "인생은 짧으니 잘 활용할 줄 알아야 한다.", "항상 자신보다 더 큰 불행을 겪는 사람들을 주변에서 찾을 수 있다.", "불평은 나약한 사람의 전유물이다." 같은 것들… 이러한 지혜는 오랜 시간이 흐르는 동안 충적토처럼 우리 문화에 쌓였는데, 이것은 우리가 경멸하는 뉘앙스를 담아 '민간의 지혜'라고 부르는 것들에 가깝다.

그럼에도 오늘날 본연의 모습 그대로 스토아학파 철학의 가르침을 따르기란 결코 쉬운 일이 아니다. 우리의 사유와 행동을 이 같은 초월적 기준에 부합시키기가 불가능하기 때문이다. 세상이 비이성적이고 광적으로 돌아가다 보니, 점점 더 세상의 흐름에 거부감이 생긴다. 마땅히 따르고 순응해야 할 운명 앞에서 우리는 스스로 명예를 회복하기 위한 일종의 전략 내지 방편을 모색한다. 스토아학파가 내세우는 이성은 자기비판에 의해 마비되고 도구화되는 오늘날의 이성과는 다르다. 더불어, 우리는 부정적 에너지와 거리가 먼 진정한 욕망의 개입 없이는 자신에 대한 모든 행동이 불가능하다는 사실을 잘 알고 있다.

그렇긴 해도, 스토아학파 철학자들은 여전히 우리를 위안의 길로 이끈다. 사실 우리가 일상적으로 직면하는 수많은 번뇌는 상당 부분이 우리 자신에게서 연원한다. 그리고 우리 스스로가 원인이 되다 보니 그러한 번뇌들이야말로 제일 받아들이기 힘들다. 철학을 한다는 것은 이 같은 번뇌를 감추거나, 표면적인 쾌락주의로의 도피를 꾀함으로써 번뇌를 망각하려드는 것이 아니라, 그러한 번뇌들을 진지한 태도로 대면하는 것이다.

에픽테토스가 말하는 나약함이나 무력감은 인간조건에서 비롯한다. 개인적인 실존의 고독 속에서, 각자가 처한 특별한 여건과 함께, 구축해야 할 미래를 염두에 둔 채로 말이다. 알베르 카뮈는 제2차 세계대전이 끝난 후 지치고 의기소침한 가운데 알제리로 돌아와 고대 로마 도시였던 티파사를 찾는다. 수필집 《여름》은 어린 시절과 청소년기를 보낸 곳을 다시 찾은 카뮈가 그곳에서 맞이한 명상의 나날을 그린다. 명상은 이런 말로 끝을 맺는다.

"겨울의 한가운데에서, 나는 마침내 내 안에 꺾이지 않는 여름이 깃들어 있음을 알게 되었다."

자신으로의 회귀는 어린 시절을 보낸 장소로의 귀환일 뿐 아니라 자신으로부터 자신을 탈환한 것을 의미하기도 한다. 이는 단절된 대화를 재개하는 일이기도 하다. 또 다른 이야기의 시작.

햇빛과 바다를 배경 삼아 펼쳐진 폐허는 파괴된 한 인간에게 거울을 제공함으로써, 그로 하여금 자신을 되찾고 기력을 회복할 수 있는 공간을 마련해준다. 하지만 "꺾이지 않는 여름"은 지중해 연안의 특수성만을 의미하지는 않는다. 모든 인간적 공간들이 그렇듯이, 지중해라는 환경도 불행과 비극, 실패와 패배를 피해가지는 못한다. 스웨덴이나 브라질, 또는 그 어디에서도 우리는 새로 태어나는 감정을 느낄 수 있다. 이 세상엔 무수히 많은 회복의 장소와 요람이 널려 있다. 어디에서든 진정한 의미의 존재 체험이 가능하다. 하긴 서양을 놓고 볼 때, 지중해 문화권에서 존재 체험의 비극성과 모순을 적극적으로 조명하는 것이 사실이긴 하다.

우리가 해변에서 자기 스스로에게 돌아간다는 것은 자기애적 정념을 충족시키거나 지적 자위행위에 탐닉하기 위해서가 아니라, 스스로를 위로하기 위해서이다. 자신의 고독을 받아들이면서 정신 분석가들이 애도의 작업이라 부르는 것을 행하는 셈이 된다. 고착과 고정관념으로부터 벗어나는 것, 말하자면 자신을 풀어주는 것이다. 그것은 다른 사람이 건네는 위로(또는, 내가 다른 사람에게 베푸는 위로)를 거절한다는 뜻이 아니다. 오히려 그 반대다. 자기 위로는 타인의 인정과 타인과의 공유가 이루어질 때, 비로소 궁극적이면서 온전하고, 전적인 의미를 부여받을 수 있다.

이 불안정한 모래 위, 모든 것이 정지되고 그 무엇도 시작하지 않는 가운데에서 우리는 우리의 임무가 무엇인지 보다 잘 지각할 수 있다. 자신을 북돋아준다는 것은 어떤 상태가 아니라, 하나의 프로그램이다. 우리는 일시적이고 신기루 같은 위안에 만족할 수 없다. 내일 여름이 끝나면, 또 다시 다른 어디에선가 여름을 찾는 처지가 되어야 할 테니까. 그런데 오늘 우리는, 우리의 인간조건인 약점과 무기력에 동반되는 절망과 우울, 망각 의지의 반발, 저항과 거부의 표현을 발견한다.

방금 전, 충만함을 되찾은 우리의 육체는 우리에게 교훈을 안기면서 우리를 도발했다. 모래에 닿아 팔딱이는 심장, 불과 몇 센티미터 떨어진 곳에 누워 있는 또 다른 육체 곁에서 꿈틀대는 욕망, 은밀한 북돋움과 신비한 빛이 효과를 자아낸다. 선망이, 계획들이 다시금 고개를 내민다. 뭔가를 시도하고 정복에 나설 준비가 되었음이 느껴진다. 세계와 우리 사이, 우리와 우리 사이에 그 어떤 불화도 느껴지지 않는다.

이곳에서 우리는 새로워진다. 활력을 되찾는다. 더 강해짐을 느낀다. 자신감을 회복한다. 바쁜 탓에, 자신에게 실망한 나머지 끊어졌던 대화를 다시 시작한다. 스스로에게 이제까지와는 다른 이야기를 들려준다. 우리는 다시 태어났음을, 보다 자유롭고, 보다 강렬해졌음을 느낀다.

해변, 회복의 공간으로서의 그곳.

높이 올라간다

하늘을 나는 새들, 요란한 소리를 내며 광고문을 길게 늘어 뜨리는 비행선, 더 높은 곳에서 거의 모습을 드러내지 않은 채 조용히 하늘 위로 미끄러지는 노선 비행기. 비치타월 위에 드러누워 불볕더위와 눈부신 햇빛의 폭격을 받아가며 나른한 낮잠에 빠져드는 우리에게는, 상상력의 지렛대 덕분에, 아직 하늘로 높이 올라갈 수 있는 여력이 있다.

우리는 새가 되고, 비행기가 되고, 구름이 된다. 우리는 힘들이지 않고 중력으로부터 벗어날 수 있다. 물거품이 들쭉날쭉 경계선을 그리는 해변에 운집한 사람들 머리 위로 날아다닌다. 파도 위로, 곶 위로, 만 위로 비상한다. 그런 다음 다시금 대지로 시선을 돌린다. 위에서 내려다보는 시선은 우리에게 힘을 주고, 우리를 평온하게 해준다.

인간들은 태곳적부터 높이 올라가고 싶어 했다, 하늘을 정복하고 싶다는 꿈을 품어왔다. 기술의 발달로 오늘날 이 오랜 숙원은 실현 가능하게 되었다. 하지만 인간은 여전히,

또 다른 방식으로 하늘에 오를 수 있기를 염원한다. 바꿔 말하자면, 인간은 기어 다니는 형이상학적 동물이라는 조건에서 벗어나고 싶어 한다. 신앙, 종교, 영성은 이 같은 인간적 열망을 수용하여, 희망과 약속, 경험으로 바꾸어놓는다.

철학자들도 이 같은 열망에서 예외일 수 없었다. 누구보다도 먼저 플라톤은 다음과 같은 유명한 말을 했다.

"지상으로부터 저 높은 곳을 향하여 최대한 빨리 도피하라."

그는 영혼이 이상세계로부터 연원한다고 믿었다. 플라톤의 말에 따르면, 잠정적으로 육체 안에 갇혀 있는 영혼은 오직 하나의 목표만을 향한다. 태어난 곳으로 되돌아가는 것이다. 아름다운 가정이 아닐 수 없다. 믿기 힘들 정도로 저급한 나락에 떨어질 수도 있는 인간이 애타게 갈구하는 상승욕구를 나름의 방식으로 멋지게 표현했다.

우리가 육체에 다가가는 방식은 플라톤과 반대이다. 즉, 병이 들거나 다친 경우 신체 구조와 생리작용의 제약 등으로 육체를 감옥처럼 느낄 수도 있다. 하지만, 그럼에도 우리는 육체를 독특한 경험의 장으로 여긴다. 약하고 덧없는 만큼 더욱 소중한 것으로 생각한다는 말이다.

하지만 육체에 대한 이러한 가치부여에도 불구하고, 우

리의 존재가 건강진단서나 육체적 쾌락의 목록 따위로 요약
되지는 않는다. 우리는 근심걱정과 문제, 번뇌를 가진 존재
이기 때문이다.

하늘 높이 오르고 싶어 하는 상승 욕구는, 그것이 포복
동물인 비천한 인간조건을 보다 긍정적으로 받아들이는 데
도움이 된다는 이유 때문에라도 반드시 필요하다. 이 여름날
처럼, 우리의 욕구는 상상의 날개를 타고서 행복감을 안겨주
며 유익한 미래를 약속한다. 상승 욕구, 특히 상승이 주는 새
로운 시선.

이처럼 높은 곳에서 아래를 내려다보는 시선은 철학적 관행
에 속한다. 스토아학파 철학자들은 이것을 영혼의 평화를 얻
기 위해 매일 실천해야 할 항목으로 정해두었다. 대표적인
스토아학파 철학자 중 하나인 마르쿠스 아우렐리우스 황제
는 그 시선의 미덕에 대해 다음과 같이 말했다.

"네가 갑자기 높은 곳에 올라 있고, 그곳에서 인간사와
그 인간사의 다양성을 굽어본다고 가정해보라. 그렇게 드넓
은 세상을 보고 있노라면, 그것들이 얼마나 하찮은지 너도
깨닫게 될 것이다."

이 말은 인생의 황혼에 다다른 노쇠한 마르쿠스 아우렐

리우스가 제국의 변경에서 미개부족들을 상대로 끝없는 전쟁을 펼치는 중에 집필한 사상 모음집에서 인용한 것이다. 황제의 거처에서 비상의 밑그림을 그리기란 그리 어려운 일이 아니다.

"세상사를 굽어볼 수 있는 높은 곳으로 비상하라."

이 말은 사실 지치고 힘들 때면 우리가 자신에게 혹은 가까운 이에게 건네는 말이기도 하다. 번뇌에 직면하여 이를 극복하고자 할 때면 내리 방향으로 줌 렌즈를 작동시켜보자. 민간의 지혜를 형성하는 중심축들 가운데 하나에 해당되는 격언이다.

하지만 이건 실제로 그렇게 간단한 일이 아니다. 우리의 존재는 순간순간에 클로즈업된 카메라로 촬영된다. 질병과 이별, 직업상의 갈등, 은행 명세서…. 아주 사소한 고통이나 작은 실망도 우리의 모든 존재를 집어삼킬 것처럼 절대적이고 독점적으로 확대된다.

비상한다는 것은 이렇듯 즉각적이고 사소한 것에 초점이 맞춰져 있는 우리의 욕망과 기질에 반하는 행위이다. 비상에 대한 열망은 하나의 가능성이다. 스토아학파 철학자들은 바로 이 가능성을 하나의 태도이자 기술로 만들었다.

스토아학파 철학자들은 높은 곳에서 아래를 굽어보는

시선이 '관점과 축척의 변화'를 의미한다고 본다. 우리는 이러한 시선을 채택함으로써, 우리에게 닥친 문제의 심각성을 축소할 수 있다. 멀찌감치 떨어져서 초연하고 고고한 태도로 문제를 바라보는 것이다. 고고함이란, 고통에 함몰하고 그릇된 확신에 눈이 먼 우리의 자아를 거부하는 태도이다. 결코 편안한 일일 수는 없지만, 우리는 자신의 약점과 고통을 무한함, 영원함의 잣대에 비추어 측정한다.

스토아학파 철학이 취하는 입장에는 오만함뿐만 아니라 고통과 자기경멸도 담겨 있다고 볼 수 있다. 물론 이런 입장을 취하려면 초인적 용기와 불굴의 투지가 필요하다고 반박할 수 있다. 고통 속에서 허우적거릴 만한 이유를 둘러대야 하는 법이니까. 높은 곳에서 아래를 굽어보는 시선이 우리에게 주는 혜택은 우선 우리로 하여금 스스로와 거리를 두게 해준다는 점이다. 이는 자신에게 개입하고, 체념하는 길을 거부하며, 스스로 선택하고 행동하라는 부추김이다. 이를 실천하는 일은 천하의 마르쿠스 아우렐리우스에게도 우리 못지않게 어려운 일이었다.

우리가 차마 자신을 경멸하기는 어렵더라도, ― 이는 오히려 긍정적인 면모라고 볼 수 있다. ― 적어도 지금 이 해변에서처럼 세상사와 거리를 두고 높이 상승할 수 있는 전망이 허락된다면, 우리를 자유롭게 하기 위해 노력은 해야 한다. 높이 올라가는 것은 지도자나 '해방자'의 매개 없이 우리 스스로 얼마든지 실행할 수 있는 구체적인 치유 수단이다.

"모든 사물보다 위에 존재하기. 그 사물의 하늘처럼, 모서리를 둥글린 지붕처럼, 파란 종탑처럼, 영원한 고요처럼."

니체는 《차라투스트라는 이렇게 말했다》에서, 스토아학파 철학자들이 말하는 높은 곳으로부터의 시선을 이처럼 현대식으로 재해석했다. 상승 에너지는 병든 철학자로 하여금 고통을 극복하고 관습적 가치의 굴레를 빠져나올 수 있는 가능성을 제공해주었다.

높은 곳으로부터의 시선은 노력에 대한 보상이자 정복의 결실이다. 하늘은 저절로 찾아오지 않기 때문에, 우리가 하늘을 찾아 나서야 한다. 하늘은 우리의 의지와 참여의 소산이다. 우리가 내리 방향으로 시선을 쏘아 보내는 높은 하늘은 결국 우리의 자유가 그리는 하늘이다.

미궁에 갇혀 있다가 밀랍 날개를 달고 그곳을 탈출하는 이카로스의 신화는 해방의 이야기이다. 그 신화는 또한 위험의 감수와 신기루, 변성(變性) 등을 강조하는 이야기이기도 하다. 높이에 취하고 자신의 비상 능력에 도취된 나머지 이

카로스는 감히 태양 가까이 다가가려 한다. 자신을 날게 해주는 날개가 밀랍으로 만들어졌다는 사실을 망각한 것이다. 급기야, 그는 땅으로 추락한다. 지상으로 추락하는 것도 맥빠지는 일이지만, 무작정 높이 오르려다가 길을 잃는 것도 헛되고 무모한 일이다. 산다는 것은 자신의 삶을 좀 더 잘 바라볼 수 있는 적당한 높이를 가늠하는 일이다.

하늘에서는 각종 문제와 걱정, 골칫거리의 무게만 줄어드는 것이 아니다. 하늘에서 우리는 한층 가벼워지고, 한층 폭넓어지며, 개방적이 된다. 항구성, 광대함, 빛남 같은 하늘의 속성들이 눈에 보이지 않는 연통관(連通管)처럼 우리의 내면을 통과한다. 모든 것이 떠나간 하늘, 모든 것이 증발하고 비물질화한 하늘은 다른 덕목들을 지니고 있다. 하늘은 우리를 말끔히 씻어주며, 비밀스런 연금술로 세련되게 가다듬어준다. 연금술의 과정을 알지는 못하지만 그 효과와 그것으로 인한 변화의 이점에 대해서는 알고 있다. 그렇듯, 우리는 높은 곳에서 정신을 순화시킨다.

그러나 우리는 해변으로 되돌아와 발을 내려놓을 줄도 알아야 한다. 상승한다는 것은 바로 그 상승의 환상을 떨치는 일이기도 하다. 상승의 몽상에서 평온함과 보상감을 얻는 것으로는 충분하지 않다. 인간의 길, 인간의 생태계를 되찾아야 하며, 모래밭을 거닐어야 한다.

그렇다면 우리 자신이 어느 정도 하늘이 되어야 하고, 하늘을 삼키며, 하늘을 우리 안에 받아들이는 일이 남아 있다. 프랑스의 철학자이자 중국학자인 프랑수와 줄리앙(François Julien)에 따르면, 중국의 현자는 "하늘을 당신 가슴에 품어라", "하늘의 빛에 비추어 세상을 바라보라."라고 권유했다고 한다.

사실 높은 곳으로부터의 시선은 우리 자신의 시선이 아니다. 그것은 단지 분산시키고 진정시키려는 조작일 따름이다. 하지만 그것은 반드시 필요할 뿐 아니라 필요불가결하기까지 하다. 그러나 아무리 효과적이라고 할지라도, 그것이 들고 있는 패마저 바꾸지는 못한다. 우리는 그저 이곳, 지상에서 발붙이고 사는 존재일 뿐이다. 하늘에서는 멋지게 날다가도 땅에만 내려오면 뒤뚱거리며 걷는 물새들만큼이나 서툰 존재이다. 비록 모자라고 허점투성이인 우리와 함께 철학이 끝까지 동행하며 구원하는 일이 가능하다고 할지라도, 결코 구원의 상을 차려놓고 떠먹여주지는 않는다. 철학은 우리를 초월과 친숙하게 만들어주기는 하나, 그것이 지닌 진정한 의미까지 제공해주지는 않기 때문이다.

지금, 사방은 평온하고, 충분한 휴식이 우리를 실존과 화해시켜주고 있다. 우리의 약점과 동시에 그 약점을 극복할 수 있는 도구 — 높은 곳과 그곳의 공허함 — 까지 제공받았다. 존재의 경험이란, 자유 그리고 무의 틈바구니 속에서 이루어진다는 사실을 깨달았다. 그 사실을 깨닫는 순간, 우리는 실존으로 하여금 자신 너머로 상승하게끔 부추기는 존재 욕망의 근원을 만난다.

푸른 하늘 아래 혹은 푸른 하늘 안에서, 몽상은 '자아'로 하여금 자신을 향해, 자신을 넘어서는 것을 향해 문을 열라고 촉구했다. 그런데 이젠 지상으로 돌아와야 한다. 우리는 그저 언제까지고 이상의 창공과 우리가 처한 현실의 진부함 사이를 오가는 상승·하강 기류를 따라갈 뿐이다.

삶이 자신의 권리를 되찾으니, 이제 우리는 시원한 맥주를 마시러 가야겠다, 하늘 한 조각 부여잡고서.

스스로에게 묻는다

어디로 갈까? 한적한 내포로? 아니면, 바와 레스토랑들이 즐비한 모래사장으로? 뭘 들고 가지? 〈레키프(L'Équipe)〉[13]? 아니면, 에피쿠로스의 철학 단상집? 생수도 한 병 가져가야 하나? 일기예보는? 해변에 도착하기까지 수많은 질문들로 머리가 복잡하다. 그게 다 오후를 좀 더 잘 보내려고, 성공적인 오후를 보냈다는 성취감을 만끽하기 위해서이다.

여행을 떠나기 전부터 시작된 온갖 기대와 번거로운 여정을 겪고 도착한 만큼, 우리는 해변을 오로지 휴식과 여가의 공간으로만 바라보게 된다. 그런데 우여곡절 끝에 목적지에 도착하고 나서도, 근심걱정, 망설임, 질문 폭탄이 우리 머리 위에 떨어진다. 도대체 이 질문들은 다 뭐지? 이런 질문들을 피할 수 없는 걸까?

타인에게 질문하고, 타인으로부터 질문 받고, 또 스스로

---

13 프랑스의 대표적인 스포츠 신문.

에게 질문을 던지는 것은 인간만이 지니는 특성이다. 하늘을 나는 갈매기들은 스스로에게 해변 위를 날 것인지 또 어떻게 날 것인지 같은 질문을 던지지 않는다. 갈매기들은 '왜'라고 묻는 일 없이 그저 날아갈 뿐이다. 갈매기들은 씩씩하게 날 갯짓을 하기도 하고, 대기의 흐름에 우아하게 몸을 맡기기도 한다. 아, 수평선 위를 날 때 그저 날기만 하면 되는 행복한 갈매기들. 반면 우리는 인간조건 탓에 끊임없이 질문을 제기할 수밖에 없다, 묵묵히 바다의 수평선 위를 날기만 하면 될 때조차도.

질문하는 버릇은 우리가 어릴 적부터 줄곧 유지해온 어쩔 수 없는 집착증이다. '고양이는 왜 네 발로 걸어 다녀?', '달은 어떻게 하늘에 떠 있을 수 있어?', '아기는 어떻게 생기는 거야?', '아빠는 왜 집을 나갔어?' 인간이라는 종의 새끼들은 끝도 없이 질문의 실타래를 풀어놓는다. 황당하기도 하지만 대개는 어른을 궁지로 모는 예리하고 통찰력 있는 질문들이다. 이 질문들은 모두 나름의 역할이 있다. 인생에서 길을 찾고 자기만의 이야기를 창조해나가는 데 도움을 주는 것이 바로 질문의 기능이기 때문이다.

아주 어릴 적부터 시작된 질문하는 버릇은 어른이 되어서도 여전하다. 우리의 인간조건은 자신의 삶을 사유하고 의식을 단련시키는 질문에 달려 있다. 질문은 우리가 느끼는 불편한 심정을 말로 표현하고, 우리가 품는 호기심을 해소하는 일이다. 질문은 근심을 행동으로 바꾸고, 즐거움을 배가시킨다. 질문은 자명해 보이는 것이나 토론을 거치지 않은 전횡을 문제 삼는다. 질문은 다그치고, 반박하고, 전복한다.

질문한다는 것은 자유의 자질을 시험하는 동시에, 단련시키고 발전시키는 일이다. 그것은 인간 생태계에서 앞으로 나아가는 것이다. 인간은 가장 소박한 주제에 관해, 가장 평범한 말로, 가장 멍청한 질문을 할 때조차 스스로를 시험한다. 가장 단순한 질문에서부터 가장 첨예한 질문에 이르기까지, 그 어떤 질문이라도 우리를 형성하고 우리를 변모시킨다. 질문은 우리가 신뢰의 욕구, 타인에의 욕망을 지녔음을 인정하는 거울이기도 하다.

스스로에게 질문을 던지지 않는 사람은 자신의 존재 일부를 스스로 잘라내는 셈이다. 그런 사람은 자신이 지닌 인간으로서의 잠재력을 온전히 활용하기를 포기하는 셈이다. 질문, 그리고 늘 질문을 따라다니는 의심과 반대는 우리의 행동을 마비시키기는커녕, 행동에 선행하여 이를 준비한다.

긴가민가한 질문 없이는 전진도 없고 인간적 삶도 없다.

철학자들이 질문에 열광하고 심지어 질문을 삶의 방식으로 여겼다는 사실은 놀랍지 않다. 소크라테스와 플라톤은 끝없이 이어지는 대화 형식으로 철학을 정립했다. 소크라테스는 자신의 기법을 산파술, 즉 질문을 통해 인간 정신 스스로 자신만의 진리를 탄생시키는 것으로 정의했다. 소크라테스는 지식을 보유한 스승으로서 그 지식을 상대가 반복하게 하려는 의도에서 질문한 것이 아니라, 그와 반대로 조력자 내지 매개자 역할을 한 것이다. 그의 질문은 곧 진리의 산출로 이어졌다. 그러나 대부분의 질문과 대화가 진리를 산출해 내는 것은 아니다. 가령 아름다움이나 용기, 또는 이상적인 국가를 정의해야 할 때, 과연 진리가 존재할 수 있겠는가?

자신들의 학문이 무엇을 연구 대상으로 삼는지에 대해서는 철학자들의 의견이 분분할 수 있겠으나(삶의 기술? 세계관? 또는, 사유 방법?), 모든 주제에 대해 온갖 종류의 질문을 제기한다는 데에는 의견이 일치한다. 정의, 행복, 의식, 자유 등 이 세상에 존재하는 모든 단어들은 물음표가 붙게끔 만들어진 듯하다. '타인이란 무엇인가?', '나란 무엇인가?'와 같은 친숙한 물음에서부터, '신의 본질은 무엇인가?', '어째서 아무것도 없지 않고 무엇인가가 존재하는가?'와 같은 알쏭

달쏭한 형이상학적 수수께끼에 이르기까지… 철학을 한다는 것은 바로 질문을 던지는 행위이다. 물론 길게 이어지는 수많은 철학적 질문 목록의 제일 위에는 '철학이란 무엇인가?'라는 질문이 차지한다.

학자는 알고, 성직자는 믿으며, 철학자는 질문한다. 철학자는 세상과 동료 인간들, 그리고 자신에 대해 질문한다. 쿨한 사람, 쿨하다 못해 지나치게 순응적인 사람, 세심하지 못한 일부의 사람들에게는 철학이 너무 많은 질문을 제기하는 것으로 보일지도 모른다. 억압적인 권력은 질문하는 사람들을 두려워한다. 시장경제 체제도 마찬가지다. 이들은 모나지 않고 두루뭉술한 사고방식을 가진 사람들을 좋아한다. 반면, 철학은 금기나 제한을 두지 않고 끊임없이 문제를 제기하고 반발하며, 사람들의 정신을 흔들고 균형을 깨뜨린다. 이 점이 바로 철학이 반드시 필요한 이유이다.

물론 호기심과 반발 성향에 이끌려 철학이 표류하거나, 스스로의 수수께끼에 함몰될 수 있는 것도 사실이다. 이는 모든 자유가 내포하고 있는 맹점이자 위험이다. 전방위적으로 의문을 제기한다는 것은 어찌되었든 사유한다는 것을, 표현하고 소통한다는 것을 뜻한다. 철학자들이 지나친 감이 있다는 인상을 주는 건 그들이 다른 사람들에 비해서 인간 천성의 탐구 기질을 훨씬 더 강도 높게 향유하기 때문이다.

질문하는 행동이 인간으로 존재하는 것을 의미한다면, 그 질문들이 철학적인 것인지 아닌지, 무엇에 소용되는지 물을 필요도 없다. 질문이라는 개방적인 활동 덕분에 우리는 권능과 결핍으로 직조된 이중적 내지 모순적 본성에 활기를 불어넣을 수 있으니 말이다. 질문하는 행위엔 자학도 자가당착도 있을 수 없으며, 피로감도 나약함도 없다. 오로지 자신의 한계와 깨달음을 통한 존재의 단련만 있을 뿐이다.

하지만 철학은 — 비록 질문으로 상대를 지치게 만들거나 스스로 지칠 수 있지만 — 그렇다고 해서 질문 자체에 함몰되지는 않는다. 철학적이든 그렇지 않은 것이든 간에, 세상에는 분명 부조리한 질문과 어리석은 대답이 넘쳐난다. 의문을 품는다는 것은 그 자체로 목적도 아니고, 그 질문의 주제 또한 시대에 따라 변화한다. 세포 하나가 미니어처 형태로 인간존재 전체를 품고 있는지에 대한 질문은 오늘날 더 이상 제기되지 않는다. 하지만 생물학에 대한 관심은 어느 시대에나 있기 때문에 이 질문은 다른 형태로 이어지고 있다.

흔히 행복해지기 위해서는 너무 많은 질문을 하지 말아야 한다고들 한다. 앞날 걱정은 접어두고 일단 지금 이 순간을 즐기라는 것이다. 모래 속에 머리를 파묻고 세상의 불행 따위는 잊자. 그 불행이 내가 아닌 내 이웃 사람에게 떨어졌다면 더 말할 것도 없다. 그렇지만 어느 누구도 바닷게나 물고기처럼 살고 싶지 않고, 또 그럴 수도 없는 법이다. 우리들 각자는 누구나 어둠 속에서 손을 더듬어가며 자신의 삶을 암중모색한다. 그런데 우리 모두는 그러한 삶에서 헤어나고 싶어 한다. 우리는 모래언덕에 달라붙어 피어난 꽃송이에서는 행복을 찾지 못한다. 그러려면 바보가 되는 것으로 만족해야 할 테니까. 그렇다고 해서 순전히 오락에만 탐닉한다 해도 불만족스럽기는 마찬가지이다.

우리가 던지는 질문들, 그것이 지닌 유일하면서도 특이한, 심란하면서도 자극적인 불완전함을 통해 우리는 삶을 터득한다. 우리가 끊임없이 질문을 제기하는 것은 아마도 기대와 약속, 욕망을 만들어내기 위해서 일지도 모른다. 또는 거짓 답변, 우리에게 맞지 않거나 강요된 답변을 물리치기 위해서 일수도 있다.

질문을 통해 인간은 자신에게로, 자신을 이해하려는 의지로 향한다. 동시에 자신의 수수께끼를 향해 문을 연다. 인간은 자신의 조건을 포착하기 위한 방법으로 무한히 이어지는 질문보다 더 효과적인 것을 찾지 못했다. 이것은 과학적 진보와 윤리적, 영적 발전 가능성까지 품고 있다. 질문보다 더 고약한 것이 아무것에 대해서도 묻지 않는 회의주의, 혹은 확신, 확신에 따르는 무분별이다.

말하자면 나쁜 질문이란 존재하지 않는다. 여행을 떠나기 전, 짐을 쌀 때 누군가가 이렇게 말한다.

"설마 해변에서 그 낡고 우스꽝스런 파나마모자를 쓰려는 건 아니지?"

다른 사람들이 던지는 질문은 우리가 자신에게 던지는 질문보다 훨씬 무서운 법이다.

마치 혜성마냥 우리 머릿속을 빙빙 맴도는 이 모든 질문들이 실제로는 우리의 사유와 욕망을 구축한다. 이 질문들은 불확실한 삶의 해변에서 우리에게 방향을 알려주고 지표가 되어준다. 희한하게 생긴 물음표, 거의 한 바퀴를 돌아 꼬리를 말고 있는 이 작은 부호로부터 출발해서 우리는 실존에 의미와 가치를 부여하게 된다.

떠나려는 순간이면 나는 항상 나 자신에게 묻는다. 〈레키프〉를 가져갈까, 에피쿠로스 철학 단상집을 가져갈까? 나는 둘 다 집는다. 해변에서는 낡고 우스꽝스런 파나마모자도 쓸 것이다. 자, 이제 해변으로 출발해볼까?

철학을 한다는 것은 질문을 잠시 중단하는 것이기도 하다.

명상을 한다

동행한 여자 친구는 책을 읽거나 부둣가에서 쇼핑을 하고, 친구들은 산책을 하거나 비치볼을 한다. 우리는 아무것도 하지 않는다. 시간이 넘쳐난다. 뜻하지 않게, 그러나 강렬하게 고독감이 밀려드는 순간. 문득 공허와 결핍감, 불확실한 미래와 만난다. 어떻게 해야 좋을지 난감해진다. 순간의 파열과 감정의 항구성(恒久性) 사이에서 어떻게 갈피를 잡아야 한단 말인가. 자신의 왜소함과 하늘의 광대함 사이에서. 여름날의 찬란한 햇빛에도 불구하고 우리는 단테(Durante degli Alighieri)처럼 어두운 숲에서 길을 잃고 헤맨다. 어떻게 해야 앞으로 나아갈 수 있을까? 어느 방향으로 가야 하는 걸까? 우리는 미완성으로 남아 있는 작업장에 누구의 도움도 없이 홀로 남아 있다. 스스로 길을 내야 한다. 달콤하면서도 곤혹스러운 자유.

그 많은 학교와 교회, 금융시장과 스포츠 경기장에도 불구하고 인류라는 공동체는 더 이상 우리의 기대에 부응하지 못한다. "네가 알아서 해." 그것이 인류 공동체가 우리에게 주는 유일한 교훈이다. 우리가 살고 있는 세계는 오늘날 산산조각이 났다. 그 세계는 우리를 고독과 불만족 속에 고립시킨다. 그러니 스스로의 힘으로 깨달아야 하며, 자신이 가진 수단으로 스스로를 북돋아야 한다. 그렇지 못하다면, 이런 여름휴가만으로는 어림도 없다.

철학을 한다는 것은 자신의 고독을 조종하는 법을 익히는 일이다. 그리고 그것은 명상을 통해 이루어진다. 선이며 태극권, 요가, 수피교(Sufism), 기독교의 기도 등 이 세상에 존재하는 모든 문화와 영성은, 그 종류와 선호도를 떠나 각자 나름대로 실존의 또 다른 차원에 도달하기 위한 방도를 제시한다. 그러니까 제각기 고유의 수련방법이며 도피처, 발판이 되어준다는 말이다.

오늘날 인지과학은 막강한 실험실에서 수천 년 동안 이어져 내려온 수련법들의 고유 방식을 검증하고 있으며, 실제로 성과를 거두고 있다. 결과는 고무적이다. 우리는 안심하고 명상에 빠져들 수 있다. 명상은 돈도 들지 않을뿐더러 우리에게 도움이 된다.

'명상(méditation)'이란 말은 의학적인 뿌리를 가지고 있다. 명상한다는 것은 무엇보다도 자신을 돌보고, 자신의 고

통과 두려움, 환상, 정념을 치유하는 것이다. 고대의 사상가들은 이성을 절대적으로 신임했다. 이들은 이성에 기반을 둠으로써, 인간이 표상을 바꾸고 삶의 방향을 정하며, 시련을 극복하고 해방되고 변모할 수 있다고 생각했다. 사유와 인식에 대한 흔들리지 않는 믿음은, 특히 밝아 단계에서, 영성 철학을 특징지었다.

철학적인 방식으로 명상한다는 것은 우선 자신에게로 되돌아오는 것을 의미한다. 우리는 고독의 순간을 틈타 잠시 세계로부터 분리된다. 그때 우리는 자신으로 돌아오고, 마치 종교를 새로 영접한 이가 종교에 귀의하듯 자기 자신에게로 귀의한다. 하지만 명상에는 신도 우상도 신전도 의식도 없다. 그저 묵상할 따름이다. 행동과 오락, 커뮤니케이션 등으로 조각나버린 자아의 모든 조각들을 그러모아 눈에 보이지 않는 통합체로 재구성하는 것이다. 우리는 여기 있다. 본연의 모습으로… 전혀 만져지지 않으면서 동시에 그토록 실재적이고, 너무도 진실임직하면서 동시에 불가능한 존재에게 주의를 기울인다. 그렇게, 우리는 잃어버린 샘, 텅 비었을 테지만 울림과 잠재력, 미래로 충만한 '시원(始原)'을 찾아 거슬러 올라간다.

자신에게 되돌아감으로써 우리는 존재한다고 느낀다.

이 같은 피드백을 통해 스스로 활동하는 의식임을 느끼고, 자신에게 가치를 부여한다. 내가 중심이다. 내 자신이 모든 것의 시작이자 원리이고, 장소이자 순간이다.

우리는 비추고(réfléchit) 반사된다(se réfléchit). 거울이자 거울에 맺힌 상이다. 둘로 나뉘었다가 포획된다. 우리는 그날 하루 일어난 일들을 되새김질한다. 그러다가 특별한 순간, 까칠함, 기쁨, 실패 등에 주목한다. 솔직했던 순간들과 억지의 순간들을 분리한다. 자아와 자아 사이를 오간다.

'그건 내가 원했던 거야.'

'그땐 내가 나빴어….'

'내 생각은 분명한가, 흐리멍덩한가?'

'내가 내린 결정들엔 그럴 만한 이유가 있는가, 반사적인 것이었나?'

'내 감정은 진정한가, 모호한가?'

이렇듯, 우리는 자신을 살피거나 일별할 뿐만 아니라, 자신의 행동과 태도를 평가한다. 양심적인 성찰을 하기도 하고, 죄의식을 걷어내기도 한다. 우리는 성찰이라는 놀라운 활동을 통해, 사유하고 존재를 포착하여 방향을 제시할 줄 아는 독자적인 존재로서 인지한다. 우리는 어렸을 때 어렴풋

한 인상과 원초적인 감각의 마그마 속에서 처음으로 사유가 솟아나 완연한 의식이 된 그 첫 순간을 기억한다. 우리는 그 순간을 되찾아 이를 조종한다. 피타고라스학파가 양심 성찰을 궁극의 훈련으로 수립한 이래, 철학은 가능한 모든 양태를 실험한다.

그렇긴 해도, 우리는 언제까지고 하나의 순간에 침잠하지 않으며, 자기 안에 갇혀 있는 현재에 매몰되지도 않는다. 우리는 다른 사람들에게 돌아갔을 때 무엇을 할지 생각해봐야 한다. 레스토랑에 갈까? 카드놀이를 할까? 머지않아 질문은 확장된다. 휴가가 끝날 때쯤엔 어떤 결정을 내릴 것인가? 무엇을 기반으로 재출발할 것인가? 다시금 맹목적으로 남의 말만 따르는 생활을 계속할 것인가? 지금과 같은 고독의 시간에서 무엇을 얻어낼 것인가? 이 고독의 순간은 이미 우리를 타인에 대한 필요성 속으로 들이민다.

이 같은 사실 확인과 자신에 대해 내리는 판단은 미래를 촉발한다. 그것들은 미래를 준비하며, 만들어낸다. 우리는 명상할 때, 과거를 미래와 연결시킨다. 내일, 혹은 휴가를 끝내고 귀가할 때는 행동의 필요성과 단체의 시간에 사로잡혀 더 이상 그것들로부터 빠져나올 수 없게 될 것이다. 그렇게 되면 우리 삶의 의미는 사라져버릴 것이다.

우리는 성찰을 할 때, 스스로의 움직임 속에서 분산되는 실존을 동반하여 방향을 제시한다. 그런 방식을 통해 새로운 삶을 잉태하는 자유를 실험하는 것이다. 그래서인지 사는 동네, 하는 일, 혹은 인생을 바꾸는 중대한 결정이 해변에서 이루어지는 경우는 제법 흔하다. 얼른 어른이 되고 싶었던 시간, 자기도 모르는 사이에 자신을 형성해가던 몽상과 왕성한 내적 대화의 순간을 포함하는 어린 시절의 한 부분을 되찾는다. 우리는 명상할 때, 우리의 미래를 창조한다.

그뿐만 아니라 우리는 명상하는 동안 우리가 해야 할 일이 무엇인지 보고, 깨닫게 된다. 사람으로서의 도리에도 다시금 익숙해진다. 무질서한 삶, 온갖 종류의 횡포, 우리 나름의 허물과 자포자기로 인하여 헝클어진 가치들이 매력과 힘을 되찾는다. 철학적 명상은 우리를 도시에서 떼어놓지 않는다. 오히려 반대로, 극도의 고독감은 우리의 발걸음을 새로 난 길의 입구로 데려간다.

명상 중에 우리는 정해진 화두에 몸을 내맡긴다. 정해졌다고는 하나 그 화두는 놀라운 사실들로 가득하다. 우리는 이미 명상에 진입할 때의 우리가 아니다. 고독 그리고 자아에 대한 맹목적인 집착의 구름은 걷혔다. 우리는 달라진

자아, 텅 비고 벌거벗고 빈한한 동시에 좀 더 풍요롭고 좀
더 완전하며, 좀 더 강력한 존재로 가득 찬 자아를 느낀다.
단 1센티미터도 움직이지 않은 채, 어느새 자신의 또 다른
곳으로 침투한다. 시간이 정지한 듯한 가운데, 영원의 한 조
각을 움켜쥔다. 앞으로 나아가지 않는 것에 대한 미련도 거
부도 없이 우리는 근원으로, 탄생으로 돌아온다. 우리는 전
쟁이나 폭력사태를 잊지 않으면서도 평화의 순간을 맛본다.
의심이나 불행이 사라지지 않았음에도 신뢰를 회복한다.

우리는 어느새 눈에 띄지 않게 문턱을 넘었고, 보이지
않는 틈새로 스며들었으며, 그렇기 때문에 마치 자신의 밖,
혹은 바깥세상의 안쪽에 들어선 듯하다. 존재에 다다른 것이
다. 우리는 유일한 삶에 대한 유일한 경험을 하는 것이다.

우리는 이 같은 존재에 눈뜬다. 우리는 그 존재를 모색
하고, 그것이 굳건하고 지속적이길 원한다. 우리는 시간을
벗어나는 이 순간의 본질을 포착하고, 잠시 돌아와 우리를
창조하고, 우리로 하여금 사유케 하고, 우리를 자유롭게 하
는 이 근원의 의미를 깨닫기를 원한다. 철학마다 제각각 이
존재에 이름을 부여하고자 시도했다. 원리, 정신, 자연, 신,
권력의지, 시간, 도(道), 공(空)… 사상사(history of ideas)는 존
재를 지칭하기 위해 사용 가능한 일련의 용어들을 시공간에

늘어놓는다. 앞으로도 계속 그럴 것이다. 각 시대, 각 문화는 자신의 초석을 보태며 운을 시험했다. '존재로서의 존재'란 바로 우리의 이해와 언어를 벗어나는 것을 지칭한다. 하지만 여름이란 예외적 시기를 틈타 우리는 그 존재에 슬며시 다가간다.

성찰, 자유, 초월… 이런 식으로 명상할 때, 우리는 정신 없이 바빠 돌아가는 일상의 근심걱정에 치여 소홀히 여겨지던, 우리 자신의 가장 나은 부분을 잠시나마 회복한다. 덕분에 우리는 변모한다. 명상의 출발점이 되었던 고독에서는 더 이상 결핍의 쓸쓸한 맛이 나지 않는다. 명상을 촉발한 상실 감은 폭력이 아니라 권유였다. 기도와도 흡사한 이 여정의 끝에서 우리는 사제나 예언자들의 신은 만나지 못했다. 자아 로부터 벗어난 뒤 세계에 무관심한 영혼이 되어 흩어져버리 지도 않았다. 반대로, 우리는 자신에게 한층 가까워졌고, 인 간조건에 따른 필요성에 시달리게 되면서 애써 외면하던 존 재의 권능을 행사했다. 우리는 보다 여유롭고, 가벼우며, 우 연적인 새로운 자아를 만들어낸다.

그렇긴 하지만, 자신을 향한 열림이 명상의 끝은 아니 다. 더구나 명상에는 끝이 없어서, 고갈되었다고 여겨지는 순간에도 면면히 흐르는 지하수처럼 은연중에도 계속 이어진다. 명상으로 자아 쇄신이 가능하긴 하지만, 그것이 명상의 목표는 아니다. 게다가 우리는 자아 쇄신만으로 충분하지 않다. 회의와 불완전함이 다시 찾아들고, 불확실성도 되돌아온다. 그러면 우리는 출발점으로 되돌아오게 된다.

이제 우리가 생각했던 것을 표현하고, 겪었고 또 느낀 것을 이야기해야 할 필요성이 대두된다. 다른 사람들도 과연 모래 위에서 얻는 길을 알고 있는지, 알고 있으며 그 길을 따라가는 모험을 감행했다면 무엇을 발견했는지 알아야 할 필요가 있다. 그래서 우리는 각자가 탐험에서 얻은 바를 비교하고, 보고서를 교환하고, 서로의 해석을 견줘봐야 할 것이다. 닫힌 명상이란 아무 쓸모없는 유폐(幽閉)에 불과하다. 어린 시절로부터 벗어날 때와 똑같은 맹렬함으로 그 같은 상태로부터 벗어나야 한다. 명상은 다양성과 무질서를 두루 품고 있는 공동체와 만나기 위해 활용되어야 한다. 명상이라는 경험을 통해서 되찾은 인간을 공동체에서 다시 만나지 못하게 막을 이유는 어디에도 없다.

소통 없는 명상은 아무 짝에도 소용이 없다. 이제 머지 않아 곧 사람들이 쇼핑에서, 공놀이에서 돌아올 것이다. 기다림과 조바심의 시간!

관조한다

참으로 희한한 순간이다. 놀랍고도 친숙하다. 매혹시키는 동시에 궁금증을 자아낸다. 우리는 흰 새가 광활한 하늘에 그리는 궤적을 넋 놓고 바라본다. 모래밭에서 흥겹게 떠들어대는 수많은 몸뚱어리들 속에서 정신을 놓는다. 파도가 밀려드는 광경에도 마음을 빼앗긴다. 나른한 몽롱함이 우리를 휘감는다. 세상은 소박하고 단조로운 존재감만으로도 아름다워진다. 잊고 있던 즐거움의 원천. 우리는 다시금 기대와 경이를 받아들일 준비가 된 순진한 어린아이로 되돌아간다. 우리는 금지된 장난 속에 빠져들 듯 세계를 관조하기 시작한다.

우리가 사는 도시에서는 자연이 사라져버렸다. 그리고 자연과 더불어 자연과 부지런히 교감하며 살아가던 역량도, 자연이 보내는 신호와 부름을 해독하는 능력도 자취를 감추었다. 그나마 일기예보 정도가 아직 주변 환경과의 접촉을 유지하고 있으나, 그 접촉이라는 것이 너무도 미세하고 규격화되어 있는 까닭에 희화적으로 보일 지경이다.

예전에 '세계'라고 부르던 것은 이제 터치스크린 뒷전으로 밀려나버렸다. 오늘날 우리에게 유일하게 존재하며, 유일하게 중요한 것은 기술 발달이 보여주는 가상현실이며, 폐쇄 회로에 갇힌 인간들 간의 관계망뿐이다. 우리는 앞으로 비극적 세계관을 가질 수밖에 없다. 그러한 세계관은 대다수의 사람들이 이해할 수 없는 차갑고, 복잡한 담론의 필터를 통과한다. 세계를 우리의 파괴적 행동이 쏟아놓은 쓰레기로 보는 세기말적 풍조의 과학.

해변에서조차 하루 단 2분 정도도 관조의 매력에 할애하기 쉽지 않다는 사실이, 새삼 놀랍지도 않다. 습관의 부재 탓이겠지만, 작금의 시대적 편견 탓이기도 하다. 오늘날과 같은 히스테리성 과잉활동 시대에 '관조하다'란 동사는 부정적 의미를 띠게 되었다. 관조적인 사람이란 한량하고, 비생산적이며, 세상사로부터 고립된 사람을 일컫는다.

이는 '관조(comtemplation)'란 말이 가지고 있던 본연의 의미를 너무나 쉽게 망각한 처사이다. 원래 이 말은 행동까지는 아니더라도, 적어도 일종의 긴장감 내지는 세상에 대한 관심을 뜻했다. '템플룸(templum)'이란 단어는 사제들이 새의 비상을 관찰하고, 또 그로부터 주어진 상황 속에서 취해야 할 행동을 결정하는 구획된 장소를 지칭했다. 이를테면, 군대에서 '사격의 창'이라는 말을 사용하듯, 템플룸은 '관찰과 해석의 창'이었던 셈이다.

고대 철학은 활동하는 삶보다 관조적 삶을 우월한 것으로 간주했다. 관조는 철학적 과정의 출발점이자 귀결점이었던 것이다. 출발점이었던 까닭은 우리 인간이 지혜를 얻기 위한 조건과 이유를 바로 세계에 대한 인식에서 찾았기 때문이다. 마찬가지로, 귀결점이라고 하는 까닭 또한 우리 인간이 바로 그 세계에 대한 인식을 통해서 신들의 평상심에 버금가는 행복을 찾을 수 있었기 때문이다.

고대 가장 명망 높은 철학자이자 학자인 아리스토텔레스는 관조적 삶을 인간이 추구할 이상적인 삶으로 간주했다. 그는 관조적 삶을 가장 광범위하게 응용했다. 그에게 관조의 기쁨이란 불편부당한 기쁨으로, 그것 자체로 궁극적인 목표이기도 했다. 아리스토텔레스는 자연현상과 천체가 그리는 매혹적인 볼거리의 관찰뿐 아니라 동물의 조직처럼 좀체 가치를 인정받지 못하는 분야의 연구에 이르기까지 다양한 분야에서 관조의 기쁨을 맛보았다.

우리는 파도가 물러나며 남긴 구불구불한 흔적을 응시한다. 움푹하게 파인 물웅덩이엔 하늘 한 조각이 무심하게 반사

된다. 지나가는 여인의 몸매에도 시선이 머문다. 모래밭 위에 펼쳐놓은 비치타월의 울긋불긋한 무늬도 눈을 현란하게 만든다. 모든 것이 우리의 시선을 잡아당기며, 게다가 눈을 한 자리에 고정시킨다. 알랭(Alain)[14]은 다음과 같이 말했다.

"아름다움은 마음에 들거나 들지 않거나 하는 게 아니다. 아름다움은 우리를 멈춰 세운다."

대개 우리는 세상을 바라보지도 않은 채 그 안으로 뛰어든다. 우리는 마치 눈먼 유령마냥 세상의 표피만을 상대할 따름이다. 하지만, 이곳에서는 모든 것이 우리의 관심을 끌고 주의력을 붙잡는다. 사소한 시선조차 활짝 열린 '관조의 창'이 된다. 평소엔 블라인드가 내려져 있던 창문이 아니었던가. 우리는 세상에 이끌리고 몰두한다. 존재를 느끼는 동시에 일종의 평온과 이완, 자발적인 미적 체험을 회복한다. 세상은 그렇게 펼쳐져 있고, 우리는 세상이 보여주는 원초적인 아름다움에 놀란다. 원래 '문두스(mundus)[15]'는 '깨끗한', '물에 씻긴', '순수한'을 뜻했다. 눈부신 햇빛 속에서 흔들리는 이 불안정한 순간, 세상은 하나의 실이 되어 우리가 보기에 아름답고 좋은 것을 짠다.

---

14 《행복론》으로 널리 알려진 프랑스의 사상가.
15 '세상'이라는 뜻의 프랑스어 '몽드(monde)'의 라틴어 어원.

세네카(Lucius Annaeus Seneca)는 이렇게 말했다.

"나는 세상을 바라본다. 마치 내가 난생 처음 바라보듯, 여러 차례씩 보곤 하는 그 세상을 말이다."

해변에서 잠시 관조하는 동안, 우리는 세상의 존재를 포착하며, 그저 잠깐 나타날 뿐인 자신의 순수한 현실세계를 염려한다. 세상의 이러한 존재감은 미적 쾌감과 삶의 기쁨을 떼려야 뗄 수 없게 한 덩어리로 뭉친다.

오랫동안 우리는 세계를 체험할 기회를 박탈당했고, 그런 경험을 체화시킬 줄 몰랐던 것도 엄연한 사실이다. 우리가 살고 있는 도시라는 세계는 우리의 활동과 탐욕의 산물만을 제공할 뿐이다. 그 세계는 상업주의와 수익성이라는 먹으로 새긴 문신이다. 우리 주변에서 자연은 뒷걸음질 친다. 숲은 점차 사라지고, 빙하는 녹아 없어지고, 대양은 점점 더 오염되어간다. 그리고 우리는 도시라는 세계 안에서 몽유병 환자처럼 앞으로 나아간다. 세계와 대면하여 우리의 눈은, 뜨고 있든 감고 있든, 자신으로부터 달아나버린 듯한 자연을 보지 못한다. 우리의 실존은 우리를 세계로부터 떼어놓는다. 끝없이 확장되고, 오염되고, 점점 더 콘크리트로 뒤덮이는 폭력적인 도시, 이것이 우리의 세계이다.

이런 까닭에, 우리는 갈매기 무리나 파도, 청명한 수평선처럼 별것 아닌 광경에도 경이를 느낀다. 평소 우리는 세계를 보기 위해 엄청난 빛과 소리 또는 인공적 기교를 필요로 한다. 하지만 이 해변엔 영화관이나 콘서트장도 없고, 이벤트도 없다. 칸트가 말한 "막연한 아름다움" 또는 "자유로운 아름다움"이 이곳 해변에서 인위적인 기교 없이, 자발적으로 펼쳐진다. 그것은 그림이 되고, 음악이 되고, 시가 된다. 예술작품이 된다는 말이다. 이렇듯 우리의 삶은 새로운 가치를 얻게 되며, 한층 더 높이 평가 되고, 관심과 밀도 면에서 높은 단계로 올라선다. 더 나은 삶이 되는 것이다.

이제 우리는 아리스토텔레스의 뒤를 이은 에피쿠로스학파 철학자들과 스토아학파 철학자들이 진정한 영적 체험, 아름다움이라는 감정, 모든 것이 하나로 어우러지는 융합이라는 귀중한 경험의 틀을 세계 안에서 어떻게 발견했는지 좀더 잘 이해하게 되었다.

"영혼은 높은 곳에 도달하여 자연 속으로 파고들 때라야 비로소 충만감과 행복을 영접할 수 있다."

한껏 고양된 세네카가 한 말이다.

그런 까닭에 고대 철학자들은 세계의 관조를 그토록 높이 평가했던 것이다. 세계를 관조한다는 것은 여러 의미를 지니는데, 사실 각기 다른 그 의미들이 한곳으로 수렴한다. 우선 우리는 관조를 통해 자연으로 향한다. 다시 말해 개인적인 영역에서 빠져나와 자아의 경계선을 넘음으로써 자아가 분출되고 확장되는 것을 의미한다. 따라서 관조란 단순히 천체나 풍경이 만들어내는 볼거리를 수동적으로 즐기는 것에 그치는 것이 아니라, 자아의 팽창이자 해방까지도 의미한다. 그뿐만 아니라 관조는 영적 의미도 내포한다. 인간은 관조를 통해 우월한 현실, 즉 신적 이성과 동체를 이루는 질서와 조화의 세계에 이르게 되기 때문이다. 인간이 신성의 일부를 획득하는 것이다.

고대 그리스인들에게 있어서 코스모스(cosmos), 즉 조직된 자연의 세계는 여러 역할을 동시에 수행하는 편안한 여자, 즉 어머니인 동시에 동거녀이기도 한 욕망의 대상이었다. 이들은 프로이트와 정신분석학의 출현이 있기 훨씬 전부터, 이미 세계를 향한 우리의 도약에 본질적으로 내재된 욕망을 이해하고 있었다. 관조는 바로 이 욕망을 드러내고 부추긴다.

왜냐하면 관조는 세상을 향한 시선만은 아니기 때문이다. 관조는 좀 더 광범위한 경험이다. 관조한다는 것은 전체 속에 녹아드는 일이며, 우리가 하나의 몸이고 하나의 의식,

즉 세계의 모든 표지가 수렴하는 자율적인 작은 중심일 뿐만 아니라, 전체 속에 편입된 부분이란 사실을 느끼고 이해하는 일이기도 하다. 이러한 경험은 행동을 예비한다.

하지만 우리의 세계는 더 이상 고대인들의 세계가 아니다. 우리는 고대인들의 세계관을 뒤집었다. 우리는 그들의 열정을 잃어버렸다. 고로, 우리는 저항한다. 우리는 몽롱한 마비 상태를 경계한다. 그 상태는 우리의 추론하는 이성과 각성된 회의주의적 비판을 약화시키기 때문이다.

우리 시대의 관조는 고대 철학자들이나 동양의 현자들의 관조와 더 이상 동일하지 않다. 우리는 관조적 삶이 얼마나 인간적 고통을 망각하고 부정하는지 알고 있다. 우리는 '우리 자신이 자연의 주인이 되고 소유자를 자처하는' 데카르트의 길을 택했다. 과학기술 만능 시대인 오늘날의 관조는 최상이 될 수도 최악이 될 수도 있다. 더불어, 우리는 이제껏 세계를 변화시키라는 마르크스의 주장을 따라왔음을 알고 있다. 그런데 오늘날, 문제는 이 같은 변화가 파괴적인 광기로 이어진다는 점이다.

우리가 이 여름에 찾아온 해변조차도 침식의 폐해를 비켜가지는 못했다. 그러므로 엄청난 재원을 쏟아 부어서라도 해변을 보호해야만 한다. 비록 그 엄청난 재원의 효용이 시간적으로 제한되어 있긴 하지만 말이다. 내일이면 저 멀리서 어른거리는 수많은 빌딩들 뒤편으로 또 다른 해변이 조성될 것이다. 유리로 씌운 인공적인 유료 해변. 우리는 언제 사라질지 모르는, 망가지기 쉬운 볼거리로 다시 돌아온다. 그 볼거리를 영원히 붙잡아둘 수 있다면 좋으련만.

우리 앞에는 이제 점차 사라지는 세상, 파괴 중인 세계에 대한 향수만 남아 있다. 언젠가 세계는 사라져버리고, 우리에게는 세계에 대한 허울뿐인 의식, 자신의 파괴력에 취한 껍데기 의식만 남게 되는 건 아닐까? 세계가 충만하고 조화로운 존재 속에서 모습을 드러내리라는 관념은 점차 사라지고 있다. 우리는 허무주의와 자포자기의 손쉬운 매력에 자신을 내맡긴다.

오늘날 관조의 결실은 분명 예전과 다르다. 관조는 세계에 대한 우리의 자유로운 권한행사가 숨기고 있던 비극적 면모를 드러낸다. 비록 세계가 제공하는 볼거리 앞에서 여전히 강렬한 미적 감동과 평온한 쾌락을 느낄 수 있다고 할지라도, 그 이면에 비극과 위협, 환멸이 버티고 있음을, 바로 관조를 통해 깨닫는다.

관조한다는 것은 세계가 추함과 손쉬움 속에서 와해되는 것에 저항해야 할 이유를 찾는 일이다. 이는 곧 우리 자신의 붕괴를 막는 일이기도 하다.

읽는다

드디어 우리는 그간 읽지 못했던 책을 읽을 수 있는 여유를 되찾는다. 실망스럽기 그지없는 비평가들의 추천 따위는 무시한 채, 정말 읽고 싶은 책을 고를 시간을 갖는다. 몰려오는 졸음에 애써 저항할 필요도 없다. 오히려 독서가 제공하는 각성상태를 되찾을 참이다. 그러므로 해변으로 출발할 때 비치가방 안에 일간지며 잡지, 소설, 수필 등을 가득 챙긴다. 그러나 일단 목적지에 도착하면 모든 일이 마음먹은 대로 굴러가지 않는다. 세찬 바람이 불어 신문이 찢어지면서 낙담하는가 하면, 햇빛 때문에 눈이 부셔서 책장을 넘기지 못하기도 한다. 하물며 모래사장에서 책을 읽을 때 어떤 자세가 가장 편한지 여전히 알 수 없다는 사실은 말해 무엇하랴?

자, 읽을 것인가 말 것인가? 제일 먼저 찾아오는 감각, 즉 정신이 산만해지는 즉각적인 삶에 우리 자신을 내맡길 것인가, 아니면 정신이 이르는 대로, 그칠 줄 모르는 지적 호기심을 따라가도록 정신을 끌어올릴 것인가. 어쨌든 대낮이 제공하는 볼거리는 이 세상의 모든 책들 못지않다. 책이야 저녁때도 읽을 수 있으니까. 낮잠시간에도 두 가지 유혹이 팽팽하게 맞선다. 그러다 보면 우리는 거부할 수 없는 달콤한 게으름의 나락에 빠져든다.

어째서 책을 읽어야 하는가? 진지하고 합당한 질문이다. 철학의 아버지 소크라테스는 이 문제에 대해 단 한 줄도 쓰지 않았다. 철학이 생생한 대화이자 도시에서 이루어지는 소통이고 삶의 방식이라면, 어째서 지루하게 독서를 하며 홀로 고독 속에 머물러 있어야 한단 말인가? 책들로 인해 거추장스러워지고, 책방이나 도서관에 파묻혀 지내는 건 그야말로 무익한 일이 아니겠는가? 아테네의 거리를 배회한 소크라테스를 본받아 해변으로 가서 그저 무엇이 오는지 기다리기만 하면 되지 않을까?

게다가 실천하는 것이 철학이라고 한다면, 잡다한 지식으로 머리를 무겁게 하는 건 엄연한 잘못이 아니겠는가? 에픽테토스, 데카르트를 비롯하여 수많은 철학자들은 책을 통해 얻는 지식을 비난했다. 주어진 상황에 대한 인식을 정리하고 그에 합당한 행동방침을 세우기 위해서는, 대개의 경우 이론 따위로 우리의 정신을 무겁게 만들지 않는 편이 오히려 나을 수도 있다. 게다가 적절한 이론이란 것이 존재하기는 할까? 삶이란 교리나 규범으로부터 벗어나 있는 것은 아닐까?

휴가철 해변에서 헤겔(Georg Wilhelm Friedrich Hegel)의 《정신현상학》이나 후설(Edmund Husserl)의 《형식논리와 초월논리》 따위를 반드시 읽어야 한다고, 눈썹 하나 까딱하지 않고 권유하려면 아주 유별난 타르튀프[16]거나 정신 나간 편집광이어야 할 것이다. 철학책을 읽으려면 시간과 의지 그리고 진정한 지적 노력이 필요하다. 해변과 시청각 자료실을 혼동해서는 곤란하다. 즐거움에도 제각각 적절한 타이밍과 무대가 필요한 법이다. SMS와 이메일이 난무하고 ― 더구나 거의 대부분 별 의미도 없다. ― 충동적인 전자장치들이 넘쳐나는 오늘날, 다른 이유를 떠나 원기 회복을 위해서라도 독서를 중단하는 편이 낫지 않을까? 솔직히 책을 읽지 말아야 할 이유라면 천 개도 넘는다. 이런 말을 하는 건 우리가 나약해서일까, 게을러서일까?

그런데 어쩌나, 우리는 약점을 통해서도 게으름을 통해

---

16 몰리에르(Molière)가 발표한 동명의 희곡에 등장하는 주인공으로, 위선자이다.

서도 배운다. 철학책을 읽음으로써 얻을 수 있는 가장 즉각적이면서 가장 역설적인 이득은 그것이 자유로운 가운데, 어떠한 외부 압력도 없이 우리 자신의 무지와 수동성을 극복할 수 있게 도와준다는 점이다. 이처럼 독서가 지닌 역동적 미덕은 모든 책에 내재되어 있다. 책을 읽음으로써 우리는 자신에게 돌아온다. 책을 읽음으로써 우리는 자신을 형성한다. 독서는 우리 각자가 스스로 배우고, 스스로 자신의 스승이 되는 학교이다. 아마도 바로 그런 연유에서 고대의 여러 철학학파들이 독서를 실천의 순간으로 제도화하고, 진정한 의미에서의 훈련으로 여겼을 것이다.

아무튼, 아카데메이아[17]의 구성원들은 플라톤의 텍스트를 읽었고 리케이온[18]에서는 아리스토텔레스의 주석과 에피쿠로스학파의 글을 읽었다. 논문을 발표하면, 토론을 벌여 논지를 발전시키곤 했다. 독서는 정신을 구축하는 훈련에 속했다. 이처럼 고대 그리스인들은 세계관에 대한 이해 또는 행동방침에 대한 암시를 통해 학생들의 의식을 단련시켰다. 그들은 학생들이 논지를 펼치고 반박하고 비판하며, 의견을

---

17 플라톤이 기원전 385년 무렵 아테네 서쪽 교외에 개설한 철학학원.
18 그리스 아테네의 교육기관 명칭. 아리스토텔레스가 이곳에서 학문을 가르쳤기 때문에 그의 철학학교 이름으로 사용되었다.

개진하고, 언어를 사용하는 방법을 가르쳤으며, 특히 대화하는 법을 가르쳤다.

독서는 교육의 조건이고, 더 나아가 개개인이 스스로 정념과 환상을 떨치는 삶의 방식을 구성하도록 한다. 오늘날의 학교는 수많은 비판에도 불구하고 여전히 독서와 텍스트 해석의 훈련을 통해 이처럼 고귀한 이상을 추구한다.

철학적 관행에서는 — 아마도 고등학교 졸업반은 논외로 쳐야 할 테지만 — 독서와의 연관성이 소원해졌다. 심지어 철학 카페가 태어날 정도로 철학적 관행이 인기 있는 활동이 되었을 때도, 이는 특정 텍스트를 중심으로 하는 회합을 부추기기보다 대중 앞에 나서고 싶어 안달이 난 자아에게 좀 더 많은 발언권(이 자체가 비난받을 일은 아니다.)을 주었을 뿐이다. TV에 자주 출연하는 직업적 철학자들도 같은 맥락에서 이해할 수 있다. 이들은 이른바 전문가의 의견을 개진한다는 빌미로 TV에 나와서는 자신의 이름을 미디어에 알리기에 바쁘다.

사유는 독서 속에서, 독서를 통해 눈을 뜬다. 그리고 사유는 '엑스 니힐로(ex nihilo)[19]'와 '솔로(solo)' 상태로, 그러니까 '무'에서 '혼자'만의 힘으로는 진정한 자신을 전개해나가기 불가능하다는 사실을 확인하게 된다. 우리는 자신의 사유를 채우고 버리고 표현하기 위해 언제나 다른 사유, 즉 다른 사람들의 사유를 필요로 한다. 이 점은 인간 본성이 지닌 원초적 결함이자 위험요소로, 구루, 사유의 대가, 현대의 코치들은 항상 이러한 일차적 인간조건, 아니 인간조건의 왜곡된 착취라는 토양 위에서 번영을 누려왔다.

스스로 사유하기 위해서는 무엇보다 다른 사람의 사유에 열려 있어야 한다. 이는 바로 독서 중에 일어나는 현상이다. 우리는 독서를 통해 사유를 섭취하여 일단 우리 것으로 만든 후, 그 사유를 받아들이거나 내치거나 혹은 변화시킨다. 마치 생체조직이 외부의 도움을 필요로 하듯, 우리의 사유도 우선 다른 사람들의 사유로부터 양분을 취하고, 그런 다음에 신진대사와 각자의 기호에 맞추는 과정을 거친다.

우리는 다른 사람의 경험과 비전, 감정을 흡수한다. 이럴 때 우리는 다른 사람을 삼키고 그로부터 양분을 취하려는 욕망 외에 아무것도 없다. 우리는 다른 사람을 받아들이

---

19 '무(無)로부터'라는 뜻을 가진 라틴어 표현이다.

기 위해 자신을 비운다. 이를테면 우리는 백지가 되는 셈이며, 모든 텍스트가 그 백지 위로 모여들어 새롭게 다시 태어난다.

이와 동시에 우리는 독서를 하면서 하나의 시대, 하나의 전통에 연결된다. 말하자면 독서를 통해, 거대한 사유의 원무(圓舞) 속으로 진입한다고 말할 수 있다. 다양한 사유는 개개인과 문화적 공동체에 자양분을 공급하면서 서로에게 빛이 되어주는 강력한 교류의 물결을 일으키며 순환한다.

사실 철학 텍스트는 문학작품이나 탐정소설, 신문들처럼 즉각적인 매력을 발산하지는 않는다. 사르트르(Jean-Paul Sartre)의 글은 솔직히 〈레키프〉나 안드레이 마킨(Andrei Makine) 또는 제임스 엘로이(James Ellroy)[20]의 책처럼 쉽게 읽히지 않는다. 대부분의 철학책은 제목부터 거부감이 든다. 아리스토텔레스의 《니코마코스 윤리학》은 전문가의 보고서마냥 따분해 보이고, 스피노자의 책은 얼음장과도 같은 살벌함을 발산한다. 하지만 아리스토텔레스의 이 책은 고무적인 우정에 관한 이론을 소개하고, 스피노자의 책은 기쁨에 대한 초대를 담고 있다. 철학책은 마치 바르바리 무화과(선인장 열매)처럼

---

20 두 사람 모두 현대의 대중 소설가.

겉엔 가시가 돋아 있으나 속은 달콤하다.

철학책은 우리를 인간 본성과 행태로 입문시켜준다. 하지만 철학책에 내재하는 텍스트의 불투명성에 대해서는 인정해야 한다. 철학책은 인간이 자신에 대해 말하고 다른 사람들과 소통하고자 할 때 맞닥뜨리는 어려움에 대해 설명한다. 일상 언어를 비비꼬는 철학책의 언어는 한편으로 우리가 사용하는 상용어가 인간조건의 모든 면모를 표현하기에 한계가 있음을 말해준다.

때론 철학적 이론과 개념들이 마치 사유를 취급하는 골동품 상점에 진열된 물건들처럼 보이기도 한다. 오늘날의 우리가 스토아학파의 무체(無體)며 데카르트의 우연적 사유 등을 가지고 도대체 뭘 하겠는가? 우리를 인식과 확신의 영속적인 진화로 이끌어주지 못한다면, 우리에게 상대성과 겸허를 가르쳐주지 못한다면, 이 개념들은 무용지물이다. 철학 텍스트는 종교 텍스트와는 달리 제각기 저자가 명시되어 있다. 철학 텍스트는 자신만의 목소리를 내는 특정한 인간의 작품인 것이다. 그 어떤 철학책이든 결정적이지 않으며 따라서 언제라도 반박 가능하다.

우리는 철학책을 읽음으로써 잠정적이고 상대적이며 진

화하는 진리의 세계에 발을 들여놓는다. 철학은 '참'도 '거짓'도 아니다. 그저 시대의 산물일 따름이다. 철학은 주어진 시대 특유의 노력에 대해 증언하지만, 그럼에도 존재며 사유, 선과 악, 자유 등과 같은 영원한 주제들을 탐구한다.

인간적 현실이 부단히 변화하는 까닭에 철학 텍스트도 나이를 먹는다. 하지만 철학 텍스트는 언제나 각성의 의지를 증언하고, 또 바로 그 점 때문에 가파른 시사성의 고개를 무사히 넘어간다. 철학 텍스트는 다른 시대의 산물이면서도 우리를 자신의 시대로 이끈다. 철학 텍스트는 오래 되었음에도 우리를 오늘의 일상으로 이끈다. 만일 모든 철학이 거짓이라면 그 이유는, 거듭 새롭게 대두되는 문제들과 철학이 그때그때의 맥락에서 정면대결을 펼치기 때문이다.

스스로 사유한다는 것은 자신의 정신으로부터 보편성을 가진 진리가 번쩍 솟아오르도록 '혼자' 사유한다는 의미가 결코 아니다. 특정 텍스트나 그 저자를 신성시하는 태도와도 구분해야 한다. 데카르트가 "나는 생각한다."란 명제에서 최초의 확신을 얻을 수 있었던 것은 그가 콜레주 드 라 플레시(Collège de La Flèche)의 예수회 사제들에게서 획득한 지식을 버렸기 때문이었다. 알랭이 "사유한다는 것은 무엇에 반(反)

해서 사유하는 것이다."라고 말한 것도 같은 의미라고 볼 수 있다. 특정 사상가에 반해서, 이론에 반해서, 통념에 반해서, 대다수의 의견에 반해서. 여기에는 자신에 반해서도 마땅히 포함되어야 한다. 독서는 고정관념이나 지배적인 사유에 대한 반작용으로서 자기 자신의 견해를 구축할 기회를 제공한다. 첫인상에 반(反)해서.

이렇듯, 책을 읽을 때 우리는 자신이나 다른 사람들과 대화를 하는 셈이다. 대화는 더할 나위 없이 깊숙이, 바로 우리의 자유가 연원하는 근원으로 이어진다. 대화는 반대와 긍정, 동질성과 이질성, 단일성과 복수성(複數性)을 한데 아우른 채 이루어진다. 그리고 이 대화는 항시 시작 단계에 머무르며, 부단히 질문과 권유를 촉발한다.

"우리는 저자의 지혜가 끝나는 바로 그 지점에서 우리 자신의 지혜가 시작된다는 것을 너무나 잘 느끼고 있으면서도, 그가 우리에게 대답을 주기를 희망한다. 저자가 할 수 있는 최선이란 우리가 욕망을 갖도록 하는 것인 데도 말이다."

프루스트가 한 말이다. 철학 텍스트가 일깨우는 주된 욕망들이란 잘 알려져 있다시피, 명철함, 설명, 선의 추구, 정의, 우정, 자유, 공생, 관용, 행복, 사랑, 아름다움, 초월, 진보, 신 등이다. 하지만 구체적 실천은 언제나 독서가 끝나면서 시작된다.

철학을 하려면 읽은 책들을 잊어버리는 방법도 함께 배워야 한다!

엽서를 쓴다

해변으로 향하는 오르막길 담뱃가게 회전판매대엔 그림엽서
들이 속절없이 전시되어 있다. 멋들어진 것들도 있고, 익살
스런 것들도 있고, 아주 저속한 것들도 있다. 누구라도 자기
취향에 맞는 엽서를 고를 수 있다. 그림엽서는 바캉스와 떼
려야 뗄 수 없는 현실적 필요에 부응하는 만큼, 전 세계적으
로 한 해에 60억 장 가량이 판매된다.

하지만 엽서를 고르려는 순간 우리는 난감해진다. 바람
이 몹시 부는 날, 사람들이 붐비지 않는 시간대를 택해 엽서
몇 장을 사서 가까운 친지들에게 보내려 했는데, 이 일은 이
내 고역이 되고 만다. 의문이라는 고약한 놈이 정신을 파고
드는 것이다.

'어떤 엽서를 사야 할까?'

'엽서엔 뭐라고 써야지? 누구에게 보낸담?'

'어떻게 보내야 하나?'

'그런데 우표는 어디서 사야 하지?'

'제대로 배달은 될까?'

처음엔 단순히 애정이나 우정을 표현하기 위해서, 상대를 잊지 않고 생각하고 있다고 말하기 위해서, 또는 우리를 품어주는 이 드넓은 세상에서 사랑스럽고 매혹적인 어딘가에 와 있다고 전하기 위해서 엽서를 생각했는데, 소통하고자 하는 우리의 의지엔 금세 금이 간다. 통신수단이며 수취인, 메시지 등 통상적으로 소통에 필요한 구성요소들이 문제가 되고, 발송인 자신이 더 더욱 큰 문제로 대두된다. 우리는 초현실주의적으로 채색된 사진들과 우스꽝스런 바다의 요정들, 음란한 그림들 앞에서 자신이 홀로이고 무방비 상태임을 느낀다.

평소 같으면 신기술에 힘입어 짤막한 글을 주고받으며 소통하는 일이 손쉽고 훨씬 더 재미있었을 법하다. 그저 SMS(해변에서 사용하기에 적합한 방식일 듯하다.) 하나만 토닥거리면 그것으로 족할 테니 말이다. 아니, 아예 글은 생략하고 검은 열대 원숭이 그림 옆에서 포즈를 취한 채 셀피(selfies)를 보내는 방법도 있다.(퀘벡 사람들은 셀피를 우아하게 '자아 초상화'라고 부르기도 한다.)

하지만 그 경우, 우리는 이미지의 영역으로 넘어가는 셈이다. 직업상의 소통이라면 분명 이메일이 가장 적합한 방식일 것이다. 다만 이메일은 강압적이고 일방적인 까닭에, 대부분의 경우 수취인으로부터 아무런 응답도 기대할 수 없다. 이메일은 경직된 커뮤니케이션 틀에 의거하여 '사실상' 수취인을 표적으로 간주하니까.

그렇다면 우리는 이런 소통방식이 과연 무슨 소용이 있는지 자문하지 않을 수 없다. 하긴 우편엽서도 답장이 없기는 마찬가지이다. 우리가 보낸 메시지는 되돌아오지 않는다. 그래서 우리는 엽서를 쓰고 보낼 생각을 뒤로 미루고, 후일을 기약하고, 또 다른 회전판매대를 기웃거린다. 하지만 일시적으로 미루는 것이 능사가 아니란 사실을 안다. 우리는 오랫동안 여러 판매대를 기웃거린 끝에 마침내, 왜 하필이면 그 엽서여야 했는지 그 이유는 알 수 없지만, 여하튼 엽서를 집어 든다. 탐색의 시간이 끝난 것이다.

그러고 나서 우리는 카페 테라스에 자리를 잡는다. 맥주 한 잔을 주문한다. 바야흐로 또 다른 시련이 시작되는 것이다. 글쓰기라는 끔찍한 현기증과 이에 따르는 망설임, 여백의 공포와 맞닥뜨려야 한다. 우리는 마치 세상으로부터 동떨어진 채 공허와 침묵, 망각의 거품 속에 갇힌 것처럼 느낀다. 글쓰기는 부재와 대면하는 일이다. 이 순간을 함께 하지 못하는, 보고 싶은 다른 사람들의 부재. 단어의 부재. 어떻게 해서든 적절한 단어들을 찾아내고 선택해야만 한다. 자신의 부재. 길을 잃은 채 일관성 없고 존재감도 없는 '자신의 부재' 말이다.

엽서를 쓴다는 것은 자신과의 단절을 경험하는 일이다. 일시적인 울적함이 감정에 스며들고, 덧없는 애도가 정신을 감싼다. 우리는 하얗게 텅 빈 공간을 채워가는 저자의 서글픈 특권을 맛본다. 글이 생산되는 지점은 자아, 즉 지배적 에고(ego) 또는 권력의지가 아니라, 다른 사람에 대한 욕망이다. 누군가가 머물고 있는 부재.

사진사들을 탓할 필요는 없다. 본래 이상적인 이미지란 없으니까. 작가를 — 앗, 죄송, 스크립터를 — 탓하고, 그의 문체 부재나 엉망인 맞춤법을 비난해봐야 괜한 에너지 소모일 뿐이다. 스크립터는 단지 힘닿는 데까지 글을 끄적거릴 뿐, 결코 원하는 단어를 온전히 찾아 쓰지 못할 것이다. 우편업무를 미심쩍어 하는 것도 다 헛된 일이다. 글쓰기는 부재에 익숙해지기 위한 훈련이다. 결핍에 대응하는 훈련이기도 하다. 현대적인 소통 도구들은 불완전함에 대한 우리의 저항을 누그러뜨리고자 기를 쓰지만 다 부질없는 짓이다. 불완전함을 없애기는커녕 오히려 증폭시키므로.

그러니 이처럼 명백한 사실을 인정하고 이에 부합하며

엽서를 쓴다. 우리 자신의 부재로 이끌려가는 것이다. 우리는 일시적 작가 내지는 작가 대타 흉내를 낸다. 마치 스쿠버 다이빙을 처음 배우기 시작할 때처럼, 우리는 직업적 작가들이 어떤 그랑 블루에 뛰어들며, 얼마나 커다란 정념이 그들을 심연으로 끌어당기는지 공감할 수 있다. 이 같은 자아의 상실은, 그것이 어떤 번뇌를 — 쾌감일 수도 있다. — 초래하건, 우리에게 새로운 공간을 열어준다. 자아의 상실과 더불어 우리는 확장되고, 가벼워지고, 확산된다. 우리는 일상적인 삶 속에서 맴도는 경직되고 찌든 편협한 자아의 차원보다 훨씬 더 실재적인 또 다른 차원에 도달한다. 마치 우리를 형성하는 보편성의 숨겨진 질료가 마침내 모습을 드러내기라도 하듯, 이처럼 드넓고 활력에 찬 공백 속에서 일종의 소환이 이루어지는 것이다.

처음 몇 줄 — 문서 꾸미기, 주소 등 — 이면 일단 마음을 비우기에 충분하다. 그러고 나면 비로소 달아나기 바쁜 사유들에 빠져들고, 조금은 멍청하다 싶은 기쁨이 찾아든다. 우리는 고작 한 줄 쓴 주소가 우리의 에너지와 의지를 모조리 빨아들이기라도 하듯, 엽서를 받을 사람을 향해 달음박질한다. 우리는 우리 자신을 위해 엽서를 쓰는 것이 아니다. 자아의 글쓰기도 아니다. 이러한 두 종류의 공허가 이중으로

겹쳐진다고 해서 충만함이 만들어지지는 않는다. 글쓰기는, 가장 이기적인 관점에서 볼 때조차, 항상 타자를 향한 도피이며, 무제한으로 타자를 찾는 행위이다.

고대의 철학자들은 글쓰기가 지닌 잠재력을 일찌감치 간파했다. 그렇기 때문에 그들은 글쓰기를 바로 이런 방향에서 활용했다. 글은 영혼을 고양하기 위한, 즉 영혼을 두려움과 곤경, 환상으로부터 해방시키기 위한 영적 훈련의 일환이었다. 고대 철학자들은 마치 해방의 기술인 양 글에 매달렸다. 글은 명상이나 회상, 집중 등과 더불어, 진지한 삶의 방식, 섭생법, 신체 단련 등과 어깨를 겨루는 영적 실천 방식에 속했다.

에피쿠로스나 스토아학파 철학자인 세네카의 저작 역시 이 같은 방향을 따른다. 저자들은 양심을 이끄는 지도자 역할을 수행한다. 이들은 처음 보기엔 쓸 데 없거나 유치해 보이는 권고를 하는데, 실상 이 권고들은 다른 사람을 위하고, 언제나 다른 사람에게 도움이 되는 것들이다. 이들의 저작물은 제목조차 다른 사람, 곧 대화 상대자의 이름을 따르곤 한다. 예컨대, 에피쿠로스의 《메네세에게 보내는 편지》나 세네카의 《루실리우스에게 보내는 편지》 등이 좋은 예라고 하겠

다. 이 책들은 친지의 죽음이나 불행을 겪는 친구들을 위로
하고, 여러 철학 분파의 원리나 삶의 방식이 향하는 목적성
을 강력한 논거와 함께 제시함으로써 이들이 더욱 강한 영혼
의 힘과 용기를 발휘할 것을 촉구한다.

또한, 이 책들이 지향하는 목표는 우리가 인간들에게 빚
지고 있는 우정과 애정을 부각시켜, 이를 실천에 옮기고 작
동하도록 하는 일이다. 고대의 철학 서한들은 비록 주옥같은
표현들을 담고 있긴 하나, 문학적 가치를 목표로 삼지는 않
았다. 글쓰기의 목적은 '멋지게 쓰는 것'이 아니라, 타자(他
者)에 이르는 것이었다. 글을 쓴다는 것은 인간 사회 안에 뿌
리를 내리는 일이었다. 우정, 즉 타인에게 친절한 도움을 주
는 관계야말로 이 같은 인간 공동체의 첫 번째 울타리를 형
성하는 것이었다.

이렇게 행동하는 철학은 여러 세기가 흐르는 동안 풍요
로움을 더해가며 면면히 이어져왔다. 몽테뉴는 우정에 관해
언급하면서 상응과 소통을 말했다. 상응은 유사성과 조화를
환기시킨다. 소통은 공유를, 애초엔 기부를 뜻하기도 했다.
서신의 교환 역시 타자에 대한 애착을 표현한다.

카페 한구석에서 엽서에 적어 넣는 소박하고 순진한 우
리의 메시지는 궁극적으로 우리의 인간적, 관계적, 사회적

현실과의 접촉을 의미한다. 그림엽서의 뒷면에 끄적거린 상투적인 몇 마디 말 안에는 무수히 많은 감정과 호소, 반항이 담겼다. 하지만 이 모든 것은 결국 자신으로부터 벗어나 타인을 향하는 하나의 욕망, 하나의 의지의 표현이다. 타인의 존재를 부름으로써, 자신의 존재를 부르고자 함이다.

이런 까닭에, 우리는 문자 메시지며 셀피, 인터넷 등 각종 신기술이 가져다준 무수히 많은 소통방식에도 불구하고 글을 쓴다. 인간의 해변에 머무르기 위해, 언제나 타인에게 문을 열어주기 위해, 인간 존재로서의 결핍을 체험하고 또 체험하기 위해 엽서에 글을 쓴다. 우리가 엽서에 글을 쓰는 까닭은, 자신을 완성하기 위해서는 다른 사람들의 존재가 필요하기 때문이다.

엽서 뒷면에 적힌 지극히 단순하고 서툰 단어들은 존재에 대한 무한한 필요성을 드러낸다. 어리석고 파괴적인 전쟁에서 싸우다 죽은 조상들이 보낸 우편엽서들이 이 같은 사실을 증명한다. 도무지 맥락을 알 수 없는 데다 검열까지 당하면서 우리에게까지 전해진 자잘한 사연들이야말로 '부재중에(in absentia)' 채워지지 않는, 타인에 대한 갈망을 말해준다.

글쓰기는 인간 본성에 내재하는 결핍과 불완전성을 말해

주고, 나아가 인간적, 사회적 현실과 의사소통에 대한 우리의 원초적 갈망을 드러낸다. 우리는 글을 통해 자신의 불확실성을 극복하고, 억압으로부터 벗어난다. 우리는 글을 쓴다.

이제 우체통 찾는 일만 남았다.

걷는다

두 시간 전부터 해변에 편안히 앉아 있던 중, 우연히 '걷기'가 가져다주는 혜택을 소개하는 잡지 기사를 읽는다. 그 기사에서 의학계 권위자라는 사람이 '앉기' 위주의 자세를 맹비난한다. 미국의 어느 보건 관련 기관에 따르면, 현역으로 활동하는 사람은 하루 평균 일곱 시간 반을 앉아서 보낸다고 한다. 그렇다면 어떻게 해야 앉은 자세를 벗어날 수 있을까? 기사는 이 의문에 대해서는 아무런 말이 없다. 다만 집 안에만 꼼짝 않고 있으면 체중이 늘고, 심혈관계 질환이나 당뇨병, 몇몇 암 등에 걸리기 쉽다는 경고는 빼놓지 않았다. 결론은 내려졌다. 기사에 자극받은 우리는 딱히 뭐라고 꼬집어 말할 수 없는 가책에 마음이 흔들린 나머지, 지체 없이 몸을 움직여야겠다고 다짐한다. 그리고는 이내 일어나서 걷기 시작한다.

철학활동은 우리를 앞으로 나아가도록 도와주는가? 철학활동은 우리를 어디론가 이끄는가? 걷기는 우리의 정신에 긍정적 영향을 미치는가? 갈지자를 그리며 몰려오는 파도

거품 속에서 질문들이 쉬지 않고 솟아오른다. 질문들을 계속 해야 할까? 그렇다면 답은? 어쨌든, 철학활동은 오래 전부터 걷기와 긴밀하고 풍요로운 관계를 맺어왔다. 움직이는 모래 속에 발을 찔러 넣어가며 과거를 돌아보는 산책 중에 건져 올린 세 가지 예.

고독한 철학자 니체는 병들어 방랑생활을 하던 기간 중 매일 이탈리아 리비에라 해안의 언덕을 오랜 시간 거닐었다. 리비에라 해안이야말로 그에게 영감을 주는 기후와 조건을 갖춘 곳이었다. 그가 마침내 1882년에서 1883년으로 넘어가는 겨울에 역작을 구상한 것도 바로 조아글리의 오르막길과 포르토피노로 이어지는 내리막길 사이에 위치한, 염소들의 이동로를 거닐던 중이었다. 니체는 이렇게 썼다.

"이 두 길 사이에서 《차라투스트라는 이렇게 말했다》의 첫머리 부분 전체에 대한 영감이 떠올랐다. 아니, 그 이상이었다. 차라투스트라라는 인물이 잉태되었으니까. 좀 더 정확히 말하자면, 차라투스트라가 내 머리에 쿵 떨어졌다."

리구리아의 청명한 하늘 아래, 거대한 바다를 굽어보며 소나무 숲 사이를 오가는 걷기와 명상의 시간에, 철학적 대서사시 니체 철학의 핵심 개념인 초인과 권력의지가 잉태한 것이다. 우리는 영감이 벼락처럼 떨어지는 이 장면을 어렵지 않게 상상해본다. 벼락을 맞은 듯, 계시를 얻은 듯 극도로 흥분한 니체. 그는《이 사람을 보라》에서 이 순간을 이렇게 그린다.

"나는 별다른 의도 없이, 때론 급하게 때론 천천히 걷고 있다. 나는 완벽하게 나 자신으로부터 완전히 분리되어 있으면서 나의 의식은, 무한한 미세한 떨림과 발가락까지 관통하는 광채와 더불어, 극도로 또렷했다."

진정한 신비주의의 절정.

이렇듯 영감을 불러오는 자극제인 걷기는 사유 자체를 북돋기도 한다. 장 자크 루소(Jean Jacques Rousseau)가 이런 사실을 입증한다. 루소 또한 걷기라는 원초적 활동과 관련된 일화에서 문학 세계에 발을 들인다. 1749년 10월, 그는 디드로를 면회하기 위해 뱅센 감옥으로 걸어가며 신문지로 부채질을 하던 중, 디종 아카데미에서 "과학과 예술의 진보는 풍속을 타락시키는가, 순화시키는가?"라는 주제로 논문을 공모한다는 광고를 보게 된다. 그는 참나무 아래 자리를 잡고 앉아 연필로 단숨에 써 내려갔다. 경합의 수상자로 선정된 루소는 대번에 유명 문학인이 된다. 산책자가 과학예술 비평 철학가로 재탄생했다. 루소에 따르면 과학과 예술은 오류의 근원이며, 특히 부패와 조작의 온상이다.

걷기는 루소에게 문학인으로서의 소명을 만방에 알린 일보다 더욱 심오한 것을 가져다준다. 루소는 "나는 걸을 때라야 명상할 수 있다."고 고백했다. 걷기는 활동일 뿐 아니라, 그에게 사유의 조건 자체이자 생각들을 활성화하고 활기를 띠게 하는 원리이기도 하다. 나아가, 루소는 걷기를 통해 자신의 근원으로 되돌아간다. 그는 다시금 과거의 방황하는 어린아이가 된다.(그는 어려서 어머니를 여의었고, 아버지로부터는 버림받았다.) 현란하고 감각적인 요소들 — 풍경과 야외의 대기 — 로 이루어진 환경은 육체와 정신의 움직임을 너그럽게 맞아준다. 환경은 이 모든 것을 품는다. 방랑 중에 루소는 자신으로부터 도피함으로써 자신의 단일성을 되찾는다. 그는 마침내 자신이 "영혼의 이탈"이라고 부르는 것을 획득한다. 그는 의식의 번뇌를 떨쳐내고 '존재들의 거대한 공간' 안에 용해된다. 루소의 마지막 저서인 《고독한 산책자의 몽상》은 마지막까지도 자신의 환상에 매료된 산책자가 남긴 작품이다.

모래 위, 사멸하는 물거품이 남긴 굴곡지고 서걱거리는 긴 선을 따라 시간을 거슬러 걷고 있는 우리는 걷기와 철학적 실천이 공모관계를 맺은 지점에 다다른다. 다시금 아테네로 돌아온 우리는 플라톤의 아카데메이아, 에피쿠로스의 정원, 스토아학파의 회랑과 더불어 고대의 네 학교 중 하나인 아리스토텔레스의 리케이온 앞에 이른다.

리케이온은 아리스토텔레스를 비롯하여 그의 제자들에 이르기까지, 산책하는 철학자들의 본거지라는 특색을 지니고 있었다. 플라톤의 수제자이면서 반대론자였던 아리스토텔레스는 20년 동안의 열성적인 수업 후 아테네를 떠나 마케도니아 필리포스 왕의 궁정으로 가서 알렉산드로스 대왕의 스승이 된다. 그 후 아테네로 돌아온 아리스토텔레스는 스스로 새로운 철학학교를 세웠다. 십중팔구 플라톤이 죽은 후 스승이 세운 학교의 책임자로 지명되지 못한 데 대한 실망 때문이었던 것으로 여겨진다.

학교의 터로 선정된 곳은 폐허가 된 체육관 자리로, 아리스토텔레스와 그의 친구들은 그곳에 산책로를 조성했다. '산책하다'란 의미를 가진 그리스어는 '페리파테인(peripatein)'이다. 여러 세기에 걸쳐 아리스토텔레스와 그의 정신적 후계자들을 지칭했던 '소요학파(péripatécien)'란 말은 바로 이 단어에서 연원한다. 하지만 놀랍게도 프랑스어에서 이 단어는 오늘날 홍등가를 배회하는 창녀들을 가리키는 말로만 사용되고 있다.

20여 년 전 아테네 시 중심에서 리케이온 터가 발견되었다. 이 터는 2014년 고고학 공원으로 조성된 이후 관광객들에게 개방되었고, 이제는 누구라도 수 헥타르에 달하는 이곳에서 아리스토텔레스의 세계에 입문할 수 있게 되었다.

고대의 철학학교는 배움의 터전이었을 뿐 아니라, 특별한 삶의 방식에 입문하는 장소였음을 이곳에서 깨달아야 할 것이다. 리케이온에서 학생들은 아리스토텔레스가 인간적 삶의 절정이라 간주했던 것, 곧 "정신에 따른 삶"을 배웠다. 아리스토텔레스는 이를 "이론적 삶(vie théorétique)[21]"이라고 불렀는데, 이 말은 오늘날 이론이 실천에 대립하고, 나아가 삶에도 대립하는 까닭에 그 의미가 모호해진 듯하다.

한편, 아리스토텔레스는 삶을 좀 더 세밀하게 구분했다. 물론 정신에 따른 삶이란 지식에 전념하는 삶이다. 국가의 정치와 통치술에 많은 관심을 가지고 있었던 플라톤에 비해, 아리스토텔레스는 모든 종류의 지식, 특히 자연과 생명체에 대한 지식에도 개방적이었다. 이런 까닭에 그는 세계의 관찰이란 토대 위에 자신의 철학을 수립했다. 그가 특히 과학적

---

21   우리나라 철학계에서는 일반적으로 '관조적 삶'이라고 옮기는데, 여기에서는 사용된 프랑스어 'théorétique'를 살리면서 뒤에 이어지는 내용과의 연관성을 고려하여 '이론적 삶'이라고 옮겼다.

탐구를 중요하게 생각했던 까닭은 과학이 불편부당한 것이기 때문이었다.

하지만 아리스토텔레스에게 "정신에 따라 산다."는 것은 세계에 적극 가담하고, 선과 악을 구별하는 일이기도 했다. 그는 이성에 따라 삶을 영위하는 가장 훌륭한 방식은 바로 중용을 찾는 것이라고 여겼다. 플라톤과 달리, 지혜가 인간에게 전적으로 거부된 상태라고 보지 않았던 것이다. 인간도 때로는 은총의 순간을 누릴 수 있으며, 이 같은 순간이면 인간도 신성에 접근할 수 있다는 것이 그의 생각이었다. 과학과 윤리, 세계에 대한 관조 등은 구체적인 동시에 영적인 행복에 도달하기 위한 연속적이고 상호보완적인 수단이라 여겼다.

아리스토텔레스는 진리를 추구하고 앎의 기쁨을 느끼는 정신은 사랑과 동일한 움직임에 의해 지배된다고 보았다.

"궁극의 욕망과 궁극의 지식은 서로 통한다."

따라서 인간적 경험이란 가능한 지혜를 향해, 가능한 행복을 향해 나아가는 것이다.

아리스토텔레스와 그의 제자들은 산책을 통해 이 모든 통찰에 도달했다. 그들은 걸으며 토론을 멈추지 않았다. 왜냐하면 고대철학 강의는 '권위에 따른(ex cathedra)' 담론이 아니었기 때문이다. 그것은 자유로이 명제를 제시하고 여러 사람이 함께 검토하는 대화였다. 소요학파 철학자들은 언어와 언어의 왜곡 효과를 불신했다. 우선 문제를 정확히 제기할 줄 알아야 했다. 문제를 표현하는 방식이 결과를 압도했다. 아리스토텔레스는, 자신의 학교를 세우는 대신 아테네 거리를 배회하며 끊임없이 질문을 던졌던 소크라테스의 후계자이기도 했다.

"용기란 무엇인가?", "아름다움이란?", "사랑이란?", "우리의 삶을 어떻게 해야 하는가?", "죽고 나면 무슨 일이 벌어지는가?"

오늘날 우리가 여전히 던지는 질문들이다.

생물학에서 윤리학으로 올라가 형이상학적이고 영적인 절정에 도달하는 계단으로서의 삶. 아리스토텔레스야말로 철학적 산책에 가장 드높고 아름다운 정의를 부여한 사람일 것이다. 오늘날까지도 우리는 그가 물려준 유산으로 산다.

창조성, 자아의 발견, 형이상학적 배회…. 우리는 저마다 걷기를 통해 자신에게 고유한 행복을 추구하며 그것을 발견한다. 철학적 걷기는 시대와 사람에 따라 400미터 달리기가 되기도 하고 트레킹이 되기도 한다. 철학적 걷기엔 특별한 목표도 없고 끝도 없다. 철학을 한다는 것은 세상사의 부동성을 거부하고, 아울러 보호막이 되어주는 신화와 무지몽

매(無知蒙昧)로의 회귀도 거부한다. 어쨌든 철학적 걷기는 이미 여러 사람이 다져놓은 길, 직선적인 길은 경계한다.

우리의 발길은 바다를 가로막은 방파제 앞으로 우리를 인도한다. 방파제 앞에 이른 우리는 몸을 돌려 비치타월을 펼쳐놓은 해변으로 돌아가기로 결정한다. 불쑥 게 한 마리가 나타나 해변 쪽으로 갈지자를 그리며 도주한다. 따지고 보면 우리 자신도 게란 녀석처럼 비스듬히 걸음을 걸을 따름이다. 그럭저럭, 현실과 초월 사이에서, 불만족과 순간적 행복 사이에서, 불확실성과 진리에의 필요성 사이를 오가며… 걸음은 언제나 단속적으로 이어진다.

하나의 그림자가 우리를 따라온다. 아리스토텔레스는 엄청난 지식을 가졌음에도 불구하고, 스스로 주장한 것을 부정할 수도 있는 주관성, 처음 의도했던 방향에서 전혀 얼토당토않게 벗어날 수도 있는 위험성, 또 그런 것들을 내포하는 행동의 복잡성에 대해서는 알지 못했다. 새로 내딛는 걸음은 직전 발자국을 연장하는 동시에 저버리는 셈이다. 메를로 퐁티의 다음과 같은 말에 동의하지 않을 수 없다.

"철학자의 절뚝거림은 그대로 그의 덕목이기도 하다."

해변에서 절뚝거림은 예술이 된다.

기뻐한다

몇 번쯤 함께 웃음을 터뜨리는 것만으로도 충분했다. 하지만 그뿐이 아니었다. 며칠간 이완, 낯선 풍경, 즐거움, 자유가 있었다. 날씨가 틀림없이 덥고 화창하리라는 보장, 시간을 마음껏 쓸 수 있다는 전망, 우리는 이제 힘이 넘치고 의욕이 샘솟는 걸 느낀다. 오랫동안 원했지만 미루기만 하면서 참아왔던 삶의 기쁨을 드디어 되찾았다. 우리 내면으로부터 비롯하는 동시에, 우리를 에워싼 바깥세상으로부터 연원하는 그 기쁨은 반드시 필요하다. 꾸미지 않은 순박하고 자발적인 기쁨.

보통 때 같으면, 기쁨은 좀처럼 느끼기 힘들고 달아나기 쉬운 감정이다. 우리는 슬프고, 우울하며, 잔인하고 위협적인 세상에서 살아간다. 사람들은 우리에게 끊임없이 "기운 내라."고 말하는데, 만사가 우리를 탄식과 죄책감으로 밀어붙인다. 행복을 파는 잡지들은 과장되고, 우리의 인간조건과 거리가 먼 기쁨을 외쳐댄다. 그러려면, 마치 백설공주의 난쟁이들처럼, 하루일과를 끝내고 귀가할 때도 힘이 넘치고,

실존이 안겨주는 불행에도 함박웃음을 지으며, 미래에 대해 철석같은 믿음을 가져야 할 게다.

이 세상에 존재하는 모든 종교와 영성이 동원되어 우리를 설득하려 애를 쓰고, 철학 또한 거기에서 빠지지 않는다. 기쁨은 자기 계발의 절대 명령이다. 이렇게 해서 우리는 두 가지 구속, 즉 흐느껴 울거나 기뻐해야 하는 양립 불가능한 두 종류의 선택지 사이에 가로놓인다.

지속적으로 기쁨을 느끼려면 어떻게 해야 할까? 아니, 그보다 먼저 어째서 기쁨이 슬픔보다 더 바람직한 것으로 여겨지는 걸까? 각각의 감정은 오롯이 느껴질 권리가 있으며, 실제로 그 감정들은 우리가 특별히 결정을 내리지 않아도 저절로 느껴진다. 저절로 이는 감정을 억제하거나 검열하는 것은 쓸모없을 뿐 아니라 비생산적이기도 하다. 피상적인 억지 기쁨을 꾸미는 것보다는 진실한 심란함이 오히려 낫다. 환멸을 피하고 동시에 거짓 기쁨도 피할 수 있는 방도는 없을까? '기쁨'이란 옵션은 모호할 뿐 아니라 칼로 무 썰 듯 결정할 수도 없다. 우리는 그저 불확실성의 바다에 던져져 있을 따름이다.

그러나 바닷가 모래 위에서 느긋하게 휴가를 보내면서 따가운 햇살을 듬뿍 받고 새로운 만남을 향해 열린 마음이 된다면, 기쁨은 굳이 골치 아픈 변증법이나 예리한 판단력을 동원하지 않아도, 육체와 정신, 욕망의 은밀한 합의인 양 시나브로 찾아온다. 삶이 기쁨에게 다가오면 기쁨은 발목을 잡는 장애를 뛰어넘는다. 기쁨은 우리의 주관성이 움직이는 가운데 합류한 결과임에도 마치 우리의 부재중에 돌연 태어난 듯, 갑자기 찾아온 듯 느껴진다. 기쁨은 이처럼 존재한다는 최초의 쾌감을 자궁으로 삼는 것이다. 편안하다. '그 무엇도 삶과 삶이 활짝 피어나는 것을 가로막지 않는다.'는 단순한 감각에서부터 기쁨까지는 그 어떤 단절이나 영역대의 변화도 없으며, 오직 연속성만 있을 따름이다. 거침없이 펼쳐져 모든 자리를 차지하는 삶의 연속성.

존재의 쾌락을 처음으로 조명하고 극한까지 추구한 인물이 바로 에피쿠로스이다. 기원전 340년경에 태어난 이 철학자는 아테네 근교 서민 지역에 위치한 텃밭 딸린 주택에서, 고대 가장 유명한 철학학교 가운데 하나인 정원을 설립했다. 카리스마 넘치는 에피쿠로스는 그곳에서 '인간적 삶의 원리이자 목표'를 이루는 행복이 이승에서도 가능하다고 가르쳤다. 그에게 있어서 행복이란 계획이나 도달해야 할 이상이 전혀 아니었다. 행복은 우선 육체적 경험인 쾌락에 뿌리를 내리고 있다고 설파했다. 이 경험은 만족이라기보다 결핍이 없는 상태를 말한다.

햇빛 쏟아지는 해변에서도, 배가 고프다거나 맥주 한 잔을 들이켜고 싶은 마음이 든다면 완전히 행복한 상태라고 할 수 없다. 마찬가지로, 영혼도 나름의 불만족과 기대, 무질서하고 과도한 욕망을 가지고 있다. 두 종류의 결핍, 즉 육체의 결핍과 정신의 결핍은 사실상 하나이다. 에피쿠로스는 행복을 얻기 위한 조건인 '결핍의 부재' 상태에 도달하기 위해서는 쾌락을 절제하고 근심걱정과 싸워 이겨야 한다고 권고한다.

우리는 에피쿠로스란 이름을 '쾌락'이란 단어와 동의어로 간주한다. 이는 수많은 철학자들이 탐하는 바이기도 하다. 하지만 실제로 에피쿠로스 철학은 쾌락에의 무조건적인 탐닉과는 전혀 무관하다. 오히려 그 반대이다. 에피쿠로스는 자연적인 것과 인공적인 것, 필요한 것과 그렇지 않은 것을 구분할 줄 알아야 한다고 말한다.

에피쿠로스 철학은 각자 쾌락을 자발적으로 관리할 것을 권유하며, 그러기 위해서는 쾌락의 복용량을 세심하게 조절하는 일이 동반되어야 한다고 주장한다. 그러려면 본질적인 것과 부수적인 것을 구별하고, 과도하고 위험한 욕망은 덜어내어 자신을 소진시키지 말아야 한다. 에피쿠로스주의자는 적은 것에 만족할 줄 알고, 간소하게 먹고 입으며, 예컨대 부와 명예를 탐하지 않는다. 진정한 쾌락의 규율이라고 할 수 있는 에피쿠로스 철학은 오늘날 우리가 가지고 있는 향유의 개념과는 도저히 양립할 수 없을 것 같아 보인다. 돈과 명성, 과도한 소비, 절대적 자기애를 가장 고귀한 가치로 섬기는 오늘날의 기준으로 볼 때, 에피쿠로스 철학은 오히려 삶에 반하는 가치인 양 보인다.

에피쿠로스는 불안 없는 상태를 뜻하는 '아타락시아(ataraxia)'에 이르고, 늘 기쁜 상태를 유지하기 위한 특별한 훈련을 제안한다. 다름 아닌, 우리를 의기소침하게 만드는 '번뇌'로부터 주의력을 돌리는 훈련이다. 즐거웠던 시간을 기억하고, 현재의 순간을 포착하되, 이는 그 순간을 증폭시키기 위함이 아니라 마치 피아노의 음처럼 쾌락이 길게 지속되도록 하기 위함이다. 우정을 다지고, 세계를 관조하고, 교양을 쌓아라. 기쁨, 행복, 쾌락… 그밖에 원하는 모든 것은 즉각적이고 지속적인 어느 특정 여건이 아니라, 정신적 훈련의 결과물이다. 기쁨은 단절된 균형 상태를 회복하는 일이며, 일종의 위기를 극복하는 일이다. 노력을 기울여야만 하는 것이다. 존재함으로써 얻는 유일한 쾌락은 그럴 만한 자격이 있는 자에 의해 정복되는 것이다.

해변에서 육체적, 사회적 제약을 벗어던진 우리가 하는 일도 바로 존재의 쾌락을 되찾는 것이다. 그럼으로써 우리는 자신을 회복한다. 우리에게는 이 같은 정지 상태를 연장하는 것 외에 다른 목표란 없다. 우리의 기억은 나쁜 추억 따위는 떨쳐버린 듯하다. 우리는 자신과 삶, 그러니까 스스로를 느끼는 삶, 여타의 생각들은 털어내고 오직 자신의 만개(滿開)에만 집중하는 삶과 하나가 된다. 이처럼 명석한 상태는 비록 짧은 순간에 불과할지라도, 밀려오는 파도에서 불쑥 솟아나지 않는다.

스피노자는 에피쿠로스 이후로 기쁨의 철학을 설파한 또 한 명의 위대한 철학자이다. 1632년 암스테르담의 유태인 구역에서 태어난 스피노자는 데카르트의 철학에 많은 영향을 받았을 뿐 아니라, 이를 비판적으로 수용하여 후에 종교와 권위를 비판하는 토대를 닦음으로써 계몽주의 철학의 도래를 예고한다. 유대사회로부터 파문당한 스피노자는 외로이, 병든 상태로 35세에 세상을 떠난다.

"욕망은 인간의 본질이다."

스피노자는 자신의 《에티카》에서 이렇게 말했다.

"욕망이란 인간이 자신의 존재로 버티기 위해 기울이는 노력인 까닭에, 기쁨에서 태어난 욕망은 기쁨이라는 감정에 의해 도움을 받거나 증가한다."

기쁨의 가치와 필요성은 분명하다. 우리의 존재를 강화시켜주는 것이다. 반면, 슬픔이나 원한 등의 부정적 정념은 이를 약화시킨다. 오늘날 이 같은 부정적 정념에는 소비 충동, 수동성, 공격성, 자기애, 우상숭배 따위가 추가된다.

스피노자는 이처럼 재평가된 기쁨의 감정을 발전시키기 위해 이성에 입각해야 한다고 말한다. 그는 이성을 순수한 지적 능력으로만 보지 않고, 존재의 욕망과 존재를 견지하고자 하는 욕망의 발원지이자 발현이라고 보았다. 욕망이 방향을 잃어버리거나 힘에 부칠 때와 같은 위기 상황 속에서, 이성은 무엇이 우리에게 최선인지 판별할 수 있도록 도와준다. 이성은 최악을 모면하도록 우리를 이끈다. 우리의 욕망이 진정한 목표를 향해 나아가고, 그 통과 지점을 찾도록 해준다. 다시 말해서 우리로 하여금 선택하게 하고, 올바른 길로 들어서게 함으로써, 자유를 확인시켜준다.

해변에서 보내는 오늘, 우리는 이날을 원했으며 그래서 결정했고, 그렇게 되도록 조직했다. 요컨대 해변에서 보내는 오늘은 한 해 동안의 노동과 기나긴 일련의 선택이 빚어낸 결과이다. 오늘을 풍요롭고 강렬하게 만들어주는 것은 바로 이러한 노력들인 것이다.

에피쿠로스에게도 스피노자에게도 기쁨은 그저 하늘에서 뚝 떨어지는 것이 아니라, 구축되는 것이었다. 물론 아무런 이유 없이 달리고 싶고 파도에 뛰어들고 싶을 때와 같이 자연 발생적인 기쁨이 존재하는 것은 사실이다. 하지만 철학적 기쁨은 존재와 마주하고 존재 속에서 느끼는 기쁨이다. 자연 발생적인 기쁨들과는 성질이 다르고 그 범위도 다르다.

철학적 기쁨은 결과물이면서 특히 하나의 활동이다. 철학적 기쁨은 의지대로 움직이지도 않는다. 우리가 이제부터 기뻐하자고 결심해봐야 그것만으로는 충분하지 않으며, 욕망에 아무런 영향도 미치지 못한다.

에피쿠로스는 우리의 사유를 번뇌로부터 떼어내어 기분 좋은 쪽으로 향하도록 하라고 권고한다. 그런가 하면, 스피노자는 사유가 강해지고 만개하고자 하는 우리의 실존을 위해 봉사해야 한다고 말한다.

어쨌든 두 경우 모두, 자유를 행사하고 원하는 대로 존재를 경험하며 사는 것은 각자 자신의 몫이다. 우리는 처음부터 기뻐하도록 태어난 것이 아니라, 그렇게 되는 것이다.

행복을 파는 잡지들의 지면을 수놓는 '행복해지기 위해서 따라야 할 권고', 우리에게 괜히 죄의식을 안겨주는 수많은 그 '지시사항'들은 딱 그만큼의 가치, 곧 단순한 주의환기나 방파제 혹은 눈물 방지제 정도로만 치부하면 된다.

"절망의 구렁텅이에서 헤매지 말라. 당신에게 맞는 해방의 길을 찾으라. 존재의 쾌락을 경험하라."

하지만 이런 글귀들마저도 비판적 통찰력을 촉구한다. 기쁨은 단기 연수나 간단하기 짝이 없는 피상적인 비법으로는 얻어지지 않는다. 기쁨은 지속되지 않는다. 우리의 정신과 마음은 너무도 변화무쌍한 까닭에 기쁨에 진력이 날 수도 있다. 기쁨은 절대적이면서 불안정한 상태를 가리킨다.

그것이 모래와 바람으로 이루어진 해변이라는 실험실에서, 어린아이와도 같은 무심한 마음으로, 우리가 재차 삶을 긍정하는 이 소중한 순간을 맛봐야 하는 또 다른 이유이기도 하다.

웃는다

친구들과 함께 웃고, 모르는 사람들과도 웃고, 혼자서도 웃는다. 무엇에든 웃고, 아무것도 아닌 것에도 웃는다. 다른 사람들 때문에 웃고, 나 자신 때문에도 웃는다. 우리는 해변에서 다시금 웃는 법을 다시 배운다. 웃기 좋은 시기이자 절호의 기회이고 이상적인 장소이다. 바다는 파도로 인해 우리의 웃음 폭발 공모자가 된다. 웃음 속에서 슬픔, 심각함, 환멸에 찬 세상의 위험성 따위는 산산조각이 나버린다.

요즘 들어 웃을 이유가 드물어지는 건 사실이다. 미디어 장치들은 불안한 소식들을 쏟아냄으로써 우리에게 인간조건을, 불행을 곱씹는 억누를 수 없는 성향을 끊임없이 상기시킨다. 우리 일상은 매일 끔찍한 진지함 속에서 잔뜩 주눅 든다. 오늘날 사회를 지배하는 경제지상주의는 생산하고, 수익성을 높이며, 소비라는 독단적인 이념을 부단히 전파한다. 장의사를 연상시키는 전문가라는 사람들은 사기를 팍팍 떨어뜨리는 소견들을 쏟아낸다. 일터에서는 유머와 농담이 사라진 지 오래다. 신랄하게 빈정대는 사람들이나 반체제주의자는 미운 살이 박힌다. 위기는 완충장치를 좀처럼 용인하려 들지 않는다.

상업주의에 매몰된 세상에서는 웃음마저 특정한 장소와 소비 행태를 요구하는 상품이 되어버렸다. 웃음은 지시를 따르는 청중들에 의해 위선적으로 가공되어 대중을 상대로 하는 TV오락 프로그램의 동반자 역할을 수행한다. 그것 역시 웃음인 것은 맞지만, '분위기'를 띄우기 위해 생산되고 제어되는 웃음. 제일 웃기는 오락거리조차 '인공'이란 벌레에게 갉아 먹히다니. 이제 우리는 심각하게 웃어야 한다.

경제라고 하는 심각한 주제에 이제 정치, 종교 분야까지 더해진다. 그도 그럴 것이 웃음은, 절대적이길 원하며 그 어떤 비판이나 차이도 용납하지 않는 권력에는 위협으로 비춰지기 때문이다. 밀란 쿤데라(Milan Kunder)의 소설《농담》은 소비에트 체제에 억눌려 지내는 폴란드에서 유머가 얼마나 위험한 것인지 보여준다. 유머 감각이 탁월하다고 알려진 대학생 루드비크 얀은 여름 한철 공산당에서 의무 연수교육을 받는다. 자신처럼 연수 중인 한 여학생을 상대로 작업에 들어간 그는 그녀에게 엽서를 한 장 보낸다. 상대 여학생은 온순하고, 주변의 이념에 순응하는 성품이다. 루드비크는 그녀를 도발한다. 엽서에 다음과 같이 적어 보낸 것이다.

"낙관주의는 인민의 아편이다! 건전한 정신에선 얼빠진 넋두리 냄새가 난다. 트로츠키(Leon Trotsky)[22] 만세!"

루드비크는 이 농담 한마디로 인생을 망친다. 폐쇄된 이념 체계 내에서는 우리의 삶에 새로운 전망을 가져다주거나 현실과의 거리 두기, 상대주의를 가능하게 해주는 웃음이 들어설 자리가 없다. 오늘날 이 방면에서의 극치는 테러리즘의 광기라고 할 수 있다. 지난해 파리에서 벌어진 여러 차례의 테러가 그 처절한 사례이다. 절대적 권력의지에 대한 극단적 풍자화에 해당되는 광신주의는 유머와 웃음의 으뜸가는 적이다. 그런 까닭에 웃음은 영적 구원을 위한 훈련인 동시에 저항의 행위가 된다. 그러니 해변에서만큼은 온 사방에서, 모든 지평에서, 웃음이 활짝 꽃필 수 있도록 내버려둬야 한다.

"웃을 줄 알고 함께 철학할 줄 알아야 한다."

에피쿠로스는 충고한다. 그는 이 두 종류의 활동이 서로 양립할 수 없기는커녕, 공동의 목표를 향해 한곳으로 수렴한

---

22   러시아 혁명 운동가. 러시아 혁명 당시에 기회주의자, 반혁명분자 등으로 알려져 있다.

다고 생각한다. 집요하면서 널리 퍼져 있는 편견 탓에 철학은 심각한 활동으로, 그 추종자들은 흥이나 깨는 사람들로 잘못 인식되고 있다. 그러나 철학자들은 예로부터 웃음을 가장 높이 평가해왔다. 아리스토텔레스에서 스피노자를 거쳐 베르그송(Henri Bergson)에 이르기까지, 철학자들은 웃음의 본질을 파악하고 그 원리를 이끌어내려 노력해왔다. 또한 그들은 인간만의 고유한 특성에 해당하는 웃음이라는 현상의 수수께끼를 풀기 위해서도 부단히 탐구했다.

그렇긴 해도, 솔직히 웃음에 관한 이론이 반드시 폭소를 유발하지 않는 건 사실이다. 그런 이론은 대상을 다루기 시작하자마자 파괴시켜버리는 형국이다. 우리는 웃을 때 웃고 있다는 사실을 생각할 필요도 없고, 왜 웃는지 알 필요도 없다. 웃는다는 행위 자체로 족한 것이다. 웃음은 철학을 필요로 하지 않는다.

철학자도 여느 사람들처럼 웃기 좋아하고 웃음을 좋아한다. 놀랍고 드물긴 하지만, 잘 웃는 철학자 부류가 실제로 존재한다. 적어도 고대에는 그러했다. 그들 중 가장 유명한 철학자가 바로 데모크리토스(Democritos)이다. 데모크리토스는 가히 백과전서적 지식을 가진 학자로, 기원전 5세기 그리스 북동쪽에 위치한 압데라에 살면서 활동했다. 그는 원자론의 기초를 수립했으며, 텅 빈 공간의 성질에 대해 탐구했다. 90살에 이르러 인생의 막바지에 다다랐을 때 그는 웃음을 그치지 않는 노망상태를 보였던 것으로 전해진다. 매일 항구로 내려와 부둣가에서 사람들이 일하는 광경을 지켜보며 웃음을 터뜨렸다. 위대한 노학자의 정신상태가 염려되었던 압데라 주민들은 유명한 의사 히포크라테스(Hippocrates)를 불렀다. 하지만 그를 진찰한 히포크라테스는 그가 미치기는커녕 매우 높은 수준의 지혜를 발휘한다고 결론 내렸다. 데모크리토스의 발작적인 웃음 속엔 사실 이웃 주민들의 부조리한 상업 활동에 대한 경멸이 담겨 있었던 것이다. 그런 방식으로 그는 자신의 정신을 보전하고, 90세 노인의 성가신 담즙[23]을 정화하려 했던 것이다. 데모크리토스가 오늘날 우리가 연출하는 지나치게 진지한 일상을 구경하고 있다고 상상해보라.

웃음을 즐겼던 또 다른 위대한 철학자로는 견유학파 철학자로 불리는 디오게네스(Diogenēs)를 들 수 있다. 앞에서 이미 보았듯이, 견유학파 철학자는 기득권에 맞서 싸우고, 관습보다는 자연을 우선시했다. 항아리 안에서 살았던 디오게네스는 사람들이 보는 앞에서 자위행위를 하고 성관계를 맺

23 　고대 그리스인들은 인간의 몸 안에 여러 종류의 담즙이 있고 그것들이 인간의 기질과 질환을 관장한다고 믿었다.

기도 했다. 도발적이며, 기존질서에 대항하는 반체제주의자였던 디오게네스는 타의 추종을 불허하는 광대이기도 했다. 하루는 플라톤이 인간을 '깃털 없는 동물'에 빗대었고, 그가 내린 이 인간의 정의는 아테네 전역에 쫙 퍼졌다. 어느 날 디오게네스는 깃털을 모두 뽑은 닭 한 마리를 아카데메이아 건물로 던졌다.

"자, 이게 플라톤이 말하는 바로 그 인간일세그려!"

또 어떤 날은 향연장 식탁 주위를 맴도는 그에게 누군가가 개에게 하듯 뼈 한 조각을 던졌다. 그러자 디오게네스는 개처럼 천연덕스럽게 초대 손님들 위로 오줌을 쌌다. 또 한 번은 스파르타에 머물던 그가 아테네로 돌아가려 할 때, 사람들이 그에게 어디로 가느냐고 물었다. 그가 이렇게 대답했다.

"남자들의 소굴에서 왔으니, 이제는 여자들의 소굴로 가야 할 테지."

대낮에 환하게 불 밝힌 등잔을 든 디오게네스가 "인간을 찾는다."며 아테네 시내를 누볐다는 일화도 전해진다. 그는 그러면서 모두가 쏟아져나올 때 극장 안으로 들어갔다고 한다.

물론 모든 철학자들이 디오게네스처럼 익살꾼은 아니지만, 에피쿠로스가 암시하듯 웃음은 곧 철학자인 듯하다. 어쩨든, 유머와 철학활동은 긴밀한 공모 관계를 맺고 있다. 유머 또한 철학처럼 해방의 행위이기 때문이다. 프로이트는 어떻게 유머가 정신적 금기를 걷어내고 우회적인 방식으로 억압된 충동을 표현하는지 설명했다. 월요일에 형장에 끌려와 "멋진 한 주가 시작하는군."이라고 유머를 구사하는 범죄자를 예로 들면서, 프로이트는 어떻게 우리의 자아가 유머에 힘입어 자기애를 회복하고, 외부현실에 일방적으로 끌려가길 거부하는지를 보여준다.

유머리스트 피에르(Pierre Desproges)의 "종양(tumeur), 넌 나보다 암이 더 많이 퍼져 있으니, 이제 곧 죽을 거야(tumeurs)."란 만담이나 총살당하기 직전 사형 집행반 군인들에게 미소 짓는 멕시코 혁명주의자의 사진 등은 이 같은 유머의 기능을 잘 보여주는 사례들이다. 유머는 철학처럼 고통스런 상황을 직면할 수 있게 해준다. 인간은 유머가 안겨주는 쾌락에 힘입어, 그 유머가 지극히 나르시시즘적인 것이라 할지라도, 현실을 거부하기도 하고 스스로를 해방하기도 한다. 따라서 이곳 해변에서, 여름 휴가철을 맞아 마침내 열린 자유와 이완의 틈바구니에서, 우리는 절망보다는 웃음을 좀 더 흔쾌히 맞이한다.

이 같은 해방감은 서로를 속박하거나 소외시켜왔던 다

른 사람들과의 관계에도 영향을 미친다.

"인간의 고유한 것을 벗어나면 희극성은 존재하지 않는
다. 풍경은 아름다울 수도, 고상하고 숭고하거나, 무미건조
하고 추할 수 있다. 하지만 우스꽝스러운 풍경이란 존재하지
않는다. 우리는 동물을 웃음거리로 삼기도 하는데, 그건 그
동물에게서 인간의 어떤 태도나 표현이 엿보일 때뿐이다. 가
령 우리는 모자를 보고 비웃을 수 있는데, 이때 우리가 비웃
는 것은 펠트천이나 짚이라는 소재가 아니라, 인간이 모자에
부여한 형태, 다른 말로, 모자가 뒤집어 쓴 인간의 변덕이란
틀이다."

베르그송은 웃음에 관한 자신의 에세이에서 '웃음은 인
간의 속성'이라는 생각 — 아리스토텔레스가 처음 주창했으
며 라블레(Francois Rabelais)[24]가 이어받은 — 을 발전시켜나가
며, 그 결과 우리는 특히 다른 사람들을 보고 웃는다는 결론
에 도달한다. 우리는 자기 자신이나 자신의 인격, 자신의 개
인적 상황을 비웃음으로써 돌파구를 마련하거나 구원의 길
을 찾으려 할 뿐 아니라, 다른 사람을 비웃기도 한다. 다른
사람들이 실제로 가졌거나 가졌다고 추정되는 허물이나 신

---

24   르네상스 시대에 활동했던 프랑스의 인본주의 소설가.

체적 약점, 성격을 조롱함으로써 자신을 돋보이도록 한다는 말이다.

"나는 남을 비웃는다. 고로 나는 존재한다."

이것이 웃음이 암시하는 코기토(Cogito)[25]인 셈이다. 너무 잔인하려나? 아니, 인간적일 뿐이다. 자신도 바로 그 비웃음의 대상이 될 수 있음을 받아들일 때라는 조건에서라면 인간적이다. 웃음을 가지고 노는 건 자신이 인간임을 한껏 즐기는 것이다.

우리는 웃음을 통해 다른 사람들과 대립하고, 그들에게 저항하고, 그들보다 우월하다고 느낀다. 최초의 풍자화가라고 할 만한 자들은, 인간의 권능과 신의 권능이 파라오라는 존재 속에서 하나로 뒤엉키던 고대 이집트에서 출현했을 것으로 여겨진다. 왕의 무덤에 그림을 그렸던 이들은 이미 상형문자를 통해 자신의 주인들을 조롱의 대상으로 삼았다. 유머는 개개인에게 해방자가 되어주었을 뿐 아니라 더 나아가 정치적 자유에의 욕망을 표현하기도 하는데, 바로 이 점에서 우리는 유머가 지극히 인간적이며, 인간만의 고유한 속성이라 할 수 있다.

---

25 라틴어로 '나는 사유한다'라는 뜻이지만, 데카르트 이후에는 '사유하는 나', 더 나아가서는 인식주관이나 인격주체를 의미하기도 한다.

인간에게 있어서 자유란, 복수(複數)적이며 개방되어 있고 언제나 미완성인 채로 남아 있는 세계 내에서 행사된다. 우리는 모두 어디에서나 똑같은 방식으로 웃지 않으며 똑같은 대상을 두고 웃지도 않는다. 유머와 웃음은 나름의 규칙과 규범을 가지고 있다. 다른 사람들을 조롱한다는 것은 그들로부터 자신을 배제시키는 것이자, 그들을 배제시키는 것이기도 하다. 이 같은 관점에서 볼 때, 공동으로 구축해나가는 자유 안에는 인간으로서의 책임감이 포함되어 있다고 말할 수 있다. 인간이라는 사실은 함께 웃는 법을 배우는 것이지만, 이는 전혀 자명한 일이 아니다.

웃을 줄 알고 함께 철학할 줄 알아야 한다고 말할 때, 에피쿠로스는 분명 이 같은 불확실한 공동체를 염두에 두었을 것으로 보인다. 인간만의 고유한 속성은 고독 속에서 아무 의미도 없다. 그러므로 웃음은 그 자체로 선하지도 악하지도 않다. 웃음은 진실이 결코 습득되지 않는 경험 속에서 행해지고 단련될 따름이다. 유머와 웃음, 철학은 진지함만을 추구하는 정신, 그것이 지닌 짓누르는 듯한 무거움을 상대로 맞서 싸운다.

"소위 절대적이라고 주장하는 목표를 위해 자유가 부정될 때 심각함이 빚어진다."

시몬 드 보부아르(Simone de Beauvoir)는 강조했다. 웃는다는 것은 철학하는 것과 마찬가지로 무분별을, 인간적 절대에의 믿음을 거부하는 것이다.

해변에서는 웃어야 할 수천 가지 이유들이 있다.

소통한다

우리는 휴가 기간만큼은 자신이나 친지, 이웃들 또는 그저 스쳐 지나가는 사람들과 쉬지 않고 이야기를 나눈다. 한가로움은 말을 해방시키고, 대화를 부추기며 사교성을 높인다. 우리는 눈에 보이는 것이나 자신에 대해 말한다. 앞으로 다시는 마주칠 일이 없을 것 같은 사람들에게도 관심을 쏟고, 이들과 예기치 않은 주제로 대화를 나누기도 한다. 이렇듯 해변은 기막힌 소통의 장소이다. 덕분에 자신의 속에 있던 뚜렷한 자기주장이나 모르고 지냈던 말솜씨를 새롭게 발견하기도 한다.

그런데 이는 매우 당황스러운 역설이다. 이른바 소통의 시대라고 정의되는 오늘날, 우리의 일상은 우리를 귀먹고 말 못하는 사람으로 바꿔놓기 일쑤이기 때문이다. 일터에서도 말수가 적어지기는 마찬가지이다. 주고받는 말들이라고 해봤자 알맹이도 없고, 그나마 발언의 기회는 있으나마나 한 수준으로 쪼그라들었으니까. 전문용어가 난무하고 어쭙잖은 영어

실력을 향상시키겠다고 기를 쓰지만, 같은 언어로 말하는 일, 바꿔 말하면 상대방의 말을 이해하기가 점점 더 어려워진다.

기업들은 점점 더 교류를 안전화하는 입장을 취한다. 여과, 검열, 최소한의 어휘, 코드화된 의사 표시 등은 의무적으로 미리 익혀두어야 한다. 진솔함은 약점 정도로만 보여도 다행이다. 최악의 경우엔 악덕으로 간주되기도 하니까. 이처럼 명시적으로 발화되지 않는 암묵적 내용은 누구에게나 재앙이다. 개인은 표현의 자유를, 근로자는 인정받을 기회를, 또 기업은 기업대로 행동에 대한 긍정적 소통 효과를 박탈당하기 때문이다.

이처럼 말이 점차 사라지는 현상은 공공영역에서도 똑같이 목격된다. 개개인은 그 어떤 피드백도 불가능한 미디어의 홍수에 휩쓸려, 부유하는 처참하고 고독한 표적이 될 따름이다. 화제가 이 주제에서 저 주제로 옮겨가는 과정에서도, 우리는 그저 몇 마디 말만 내뱉을 뿐 사실상 의견을 개진할 시간도 방편도 갖고 있지 못하다. 물론 정치계도 어떻게 해서든 시민들과의 직접적인 접촉을 피하는 것을 목표로 삼는 왜곡되고 조작되고 방어적인 소통방식에 몰두한다. 이와 같은 반(反)소통이 소비자이자 사용자인 우리의 삶을 지배한다. 우리는 서비스 제공자와 중도에 겨우 음성 사서함을 통해서나 소통할 수 있을 따름이다.

사랑의 주고받음도 마찬가지이다. 밀어를 나누거나 유
혹을 하던 시대는 끝났다. 대화를 빌미 삼는 접근방식이나
애매모호한 말로 긴장을 높이던 방식도 더 이상 통용되지 않
는다. 이용자들이 자신의 반쪽을 찾으려는 데이트 사이트나
앱을 떠나면, 의지할 곳이라곤 없다. 가수 프란시스 카브렐
(Francis Cabrel)은 "서로 말을 주고받기 위해서라도 비밀번호
가 필요해."라고 노래한다. 이 노랫말은 얼마나 예리한 노랫
말인가!

해변에서 멀어지면 우리는 개별적 혹은 집단적 정서나
감정에 대해서는 함구하는, 완전한 침묵 속에 빠져든다. 신
체적인 표현은 고작 전자 메시지, 서글퍼하는 나 자신의 긴
독백으로 대체된다. 우리는 다시금 어린 시절로 돌아간다.
말을 빼앗긴 존재가 된다는 말이다. 하긴, 프랑스어에서 어
린아이를 뜻하는 단어 'enfant'는 어원적으로 볼 때 말할 줄
모르는 존재를 가리켰다.

그런데 이곳, 바다 가까이에서, 우리는 소통에서 오는
자발적 즐거움과 혜택을 되찾는다. 우리는 내면의 대화를 회
복하며, 자신에게 말을 걸고, 모든 주제에 대해 심사숙고하

게 되어 스스로도 놀란다. 우리는 자신의 욕구와 만족, 기대, 선택 등에 대해 스스럼없이 의견을 개진한다. 우리는 자신에게 들려줄 얘기가 별로 없으면서 또 한편으로는 너무 많다. 자신을 이해하기 위해서는 몇 마디만으로도 충분하다. 즐거움은 항시 고통보다 잘 드러나지 않기 마련인데, 이는 곧 우리가 다시 사유하기 시작했음을 확인해주는 증거이다. "사유란 영혼이 자기 자신과 나누는 대화"라고 플라톤이 말했다. 굳이 한마디 덧붙이자면, 그냥 대화가 아니라 '훌륭한 대화'를 뜻한다. 스트레스나 원한 때문에 자기 자신을 무능하거나 고통 받는 아랫사람 대하듯 취급하는 경우가 적지 않다. 대부분의 경우, 우리는 자기 입을 열지 않거나 남의 입을 봉한다. 함구하거나 검열하거나. 그러나 자신과 제대로 된 훌륭한 대화를 나누기 위해서는 무엇보다 먼저 자신을 신뢰해야만 한다.

해변에서, 우리는 현자나 예언가, 대학교수에게 조금의 관심도 보이지 않는다. 하물며 이 모든 역할을 한꺼번에 해내길 희망하는 TV프로그램 진행자에게는 더더욱 그렇다. 우리는 자신에게 그 어떤 명령이나 맹세, 교훈 따위도 주지 않는다. 우리는 그저 내면의 대화 속에서, 내면의 대화를 통해서 자신과 동등한 입장에 놓일 뿐이다. 우리는 자신의 경솔

함이나 허물 또는 변덕을 재미있어 한다. 우리가 나누는 대화라는 것도 전혀 심각하지 않다. 심지어 노래를 흥얼대거나 휘파람을 불어대는 자신에게 놀라기도 한다. 자신과의 소통은 그다지 어려워 보이지 않는다. 아주 빨리 익숙해진다. 이렇게 몸에 밴 습관은 수영이나 자전거 타기처럼 절대 잊어버리지 않는다.

우리는 자신과 허물없이 대화를 나눈다. 머리에 떠오르는 생각을 있는 그대로 이야기한다. 우리는 자신이 옳다고 믿는 것을 주장한다. 그렇게 하면서 우리는 본래의 자신이 되는 것이다. 다시 말해, 말하는 존재, 사유와 판단, 표현의 주체가 된다는 뜻이다. 우리는 너무 오랫동안 빼앗겼던 역량을 되찾는다. 자신, 있는 그대로의 자신, 자유로운 존재로서의 자신과 하나가 된다. '언어를 통해 구현하고 표현할 자유'를 소유한 존재. 하나의 인격. 말이라고 하는 바람 속에서 메아리치는 하나의 존재. 자신의 이야기를 통해 구축되어가는 존재.

이런 까닭에 내면의 소통은 자긍심의 원천이 된다. 우리는 자신과 진지하고 명징한 대화를 재개함으로써 자신만의 존엄성을 드높인다. 우리는 더 이상 단세포도 아니고, 꼭두각시도 아니며, 빈 조개껍질도 아니다. 우리는 다시금 자유롭고 말하는 존재로 되돌아간다. 자신의 본질에 부합하고 자신의 실존을 감당할 역량을 갖춘 인간.

　하지만 이 같은 내면의 대화가 제아무리 강력하고 마음을 안정시켜준다고 해도, 그것만으로는 충분하지 않다. 내면의 대화를 가능하게 하는 회로 복원의 첫 단계에 불과하기 때문이다. 우리가 다른 사람들과도 대화를 나눠야 하는 건 바로 그런 이유 때문이다. 주제야 중요한 것이든 그렇지 않든 간에 상관없다. 자기 자신이나 자기가 사는 도시, 자녀, 취향, 여가 생활, 계획 등 그 어떤 주제라도 무방하다. 또는 상대방의 삶이나 집, 활동, 기대, 정념, 자동차, 반려동물을 주제로 삼아도 상관없다. 그저 우리는 대화를 통해 비교하고, 평가하고, 놀라고, 이야기에 살을 붙이고, 엉뚱한 소리를 하고, 반대하고, 고함치고, 한편이 되고, 속삭인다. 대화하는 과정에서 단어들이 무한히 엮어지면서 인간끼리의 교류라는 과업이 이루어진다. 바로 이 같은 교류야말로 우리에게 필요한 것이자 기쁨을 가져다주는 것이기도 하다.
　자기 자신에 관한 것이든 자신으로부터 우러나온 것이든, 진정한 담론은 다른 사람들을 향해야 나름의 일관성과 정확성, 연대감, 적절함을 검증받을 수 있다. 우리는 교차하는 말들 가운데에서 우리가 고른 말의 정당성을 확인하려 한다. 동시에, 우리는 그런 과정을 통해 차이와 비판, 대립도 검증해본다. 이 같은 과정은 자신의 확신을 강화하거나 떨쳐 버리기 위해서도 필요하지만, 그러한 과정이 우리가 한 말 가운데 여전히 의문으로 남아 있는 것들을 비춰주기 때문에 요긴하다.

중요한 것은 우리가 자신의 입장을 밝히고, 논증이나 자기기만에 능한 챔피언이 되는 것 뿐 아니라, 다른 사람들 앞에서 존재해야 한다. 아니 더 정확하게는 다른 사람들과 '함께' 존재해야 한다는 사실이다. 자신의 자유와 다른 사람들의 자유를 공존하게 하라. 실존에는 언제나 위험이 도사리고 있으며, 그 위험은 무릅쓸 가치가 있다. 더 나아가, 다른 사람들이 제시하는 시련까지 통과한다면, 우리는 한층 더 우월한 인간적 승리를 쟁취하는 셈이다.

이해하려 애쓰고, 공유하려 노력하고, 명쾌하고 솔직해지고자 하고, 적극적으로 논쟁하고, 무모하고 허약한 담론에라도 기대어 자신의 주장을 관철하고자 집중하는 과정에서 우리는 변치 않고 이어지는 언어의 대원칙과 다시금 대면하게 된다. 바로 언어가 인간적 교류의 가능성을 열어준다는 사실이다. 물론 인간적 교류가 성공하려면 그 원칙이 전제가 되어야만 한다.

쇼펜하우어(Arthur Schopenhauer)는 그의 저서 《언제나 이기는 기술(L'Art d'avoir toujours raison)》에서 주장했다.

"원칙을 부정하는 사람과는 논쟁을 벌이지 말아야 한다."

토론의 원칙을 부정하는 사람과는 토론이 불가능하다.

세상에는 언제, 어디든 이기주의자, 광신주의자, 삐뚤어진 사람들이 있게 마련이다. 자기 자신이나 다른 사람들과의 소통이 인간 병리학에 대항하는 묘약이 될 수는 없다. 그렇긴 하지만 우리는 소통 — 항상 문제 많고 미완성 상태에 머물러 있으며, 불완전한 소통일지라도 — 하겠다는 맹세를 저버렸을 때 어떤 일이 일어나는지 — 갈등과 퇴행, 야만 행위 등 — 잘 알고 있다. 자신과의 소통이 없다면 존재감도 있을 수 없다. 소통이 없다면 국가도 사회도 존재할 수 없다.

물가에서, 레스토랑의 식탁에서, 시장에서, 공연이 끝나고 난 뒤… 도처에서 광범위하고 긴 담론들이 이어진다. 우리는 그 속에서 즐거움을 느낀다. 인간은 이렇듯 함께하는 즐거움 속에서 위로받고 새로워진다. 끊임없이 이어지는, 웃음 가득하고 개방적인 담론은 쓸모가 많다. 대화하는 짧은 시간 동안이나마, 진정성이 결여된 허튼 소리, 위선적인 선언, 미디어가 전투적이고 정복적인 어휘에 담아 매일 쏟아내는 거창한 이야기들을 잊을 수 있으니까.

이렇듯 전 세계를 무대로 진행되는 거창하고 끝없는 대화, 말의 마그마 속에서 여타 모든 교류의 층이 형성된다. 인류는 이처럼 풍성하고 헤픈 대화를 일차적 질료로 삼아 스스로를 형성하고 다듬으며, 그 질료를 이용하여 자신을 정의하고 변화시킨다. 인류는 그렇게 함으로써 자신을 신임하고 자신에 대한 신뢰를 쌓아간다. 자신에게 미래를 허락한다.

권력 실세들은 말을 증오한다. 권력자 자신의 말은 물론 예외지만. 왜냐하면 말을 한다는 것은 저항을 의미하기 때문이다. 오늘날 경제 패권은 인위적인 담론으로 우리를 괴롭힌다. 경제 패권이 쌓은 높다란 바벨탑은, 끊이지 않고 이어지는 우리의 옹알거림을 이용하면서도 우리의 표현의 자유에 재갈을 물리려 한다.

여름날의 태양 아래서, 적당히 긴장 풀린 자유로운 분위기와 더불어, 해변은 우리에게 소통할 때라야만 비로소 인간의 원무(圓舞)가 올바른 방향으로 진행된다는 자명한 이치를 일깨워준다. 바다와 인간이 만들어내는 두 종류의 함성이 우렁차게 울리면서 해변에서 하나로 합쳐진다. 이 두 함성이 빙글빙글 돌아가며 추는 원무에 뛰어들기 위해서는 귀를 기울이기만 하면 된다.

사랑한다

기온은 더 높고, 햇빛도 더 풍성하며 시간도 더 많다. 스트레스와 걱정, 피곤함은 더 적다. 각자는 기회를 엿보고, 기꺼이 유혹을 받아들인다. 우리는 욕망이 기대와 희망과 한데 어우러져 새로운 도약을 도모하려는 활력을 온몸 가득 느낀다. 바다, 섹스 그리고 태양… 주변에서 들려오는 수백 수천의 노래들이 여름이야말로 인간이 사랑하기에 최적의 계절이라고 부르짖는다. 철학도 당연히 이 같은 보편적인 합창에 목소리를 보탠다.

그럴 수밖에 없는 것이, 철학(philosophie)이란 단어의 '필로(philo)'는 그리스어 '필레인(philein)'에서 온 말로, '사랑하다'란 뜻이다. 그러니까 철학이라는 단어는 일종의 사랑을 의미하는 것이다. 끈질기게 명맥을 유지하는 어떤 편견은, 수동적으로 감내해야 하는 비이성적인 '사랑'이라는 정념을, 일탈을 물리치는 이성적 구조물로서의 철학이 공공연하게 내세우는 '지혜'와 대립시킨다. 그런가 하면, 또 다른 어떤 고정관념은 철학자들을 고독한 멜랑콜리(Melancholy) 환자 또는 좌절로 찌든 은둔자로 매도한다. 하긴, 스피노자나 칸트가 평생 금욕주의자로 산 건 사실이다. 또 쇼펜하우어가 까칠한 인간혐오자로 알려져 있는 것도 사실이며, 시몬 베유(Simone Weil)[26]에게 '붉은 처녀'란 별명이 내내 따라다닌 것도 사실이다.

하지만 철학자들의 해변엔 뜨거운 사랑을 추구했던 사랑꾼들도 적지 않다. 에피쿠로스는 정원에서 여성들에게 둘러싸여 있었다. 젊을 때 사랑에 탐닉했던 아우구스티누스(Aurelius Augustinus) 성자는 아예 "나는 연애를 즐겼다."고 고백하기도 했다. 아벨라르(Pierre Abélard)와 엘로이즈(Heloise)는 신화적인 연인으로 알려져 있다. 몽테뉴 또한 자신의 젊은 날을 다음과 같이 묘사한다.

"인간이 그토록 집요하게 사타구니적인 접근에만 몰두할 수는 없었다."

한편, 카뮈도 바람둥이였다고 전해진다. 시몬 드 보부아르(Simone de Beauvoir)와 사르트르는 자유로운 사랑을 선포한 선구적인 철학자들로 널리 알려져 있다. 자기 시대에 발붙이

---

26 20세기에 활약한 프랑스 철학자로, 사회주의와 노동 문제에 헌신했다.

고 사는 사람임을 반영하는 걸까, 하여간 오늘날의 저명한 철학자들은 보란 듯이 유명 연예인들과 함께 이비자[27]의 나이트클럽을 드나들기도 한다. 말하자면 철학자들은 사랑이라는 모래밭에 관해서는 어느 누구로부터도 특별히 배울 것이 없는 셈이다.

반대로, 우리는 철학자들이 당대의 감정이나 정서, 풍속에 관해 통찰력 넘치는 해석을 들려주기를 기대한다. 플라톤은 '부'와 '가난'의 자식이자 만족과 결핍의 산물인 에로스신의 이중성에 관해 대화했다. 스피노자는 욕망을 '추진력 있는 긍정적인 힘'인 양, 삶과 존재의 핵심에 위치시켰다. 선구적인 근대 사상가들 중 하나로 꼽히는 루소는 사랑과 행복을 연결 지었다. 한편, 사르트르는 상대방을 소유하려 들고 자신을 부인하는 따위의 변태적 사랑의 양상들을 꿰뚫어 보았는데, 이러한 통찰력은 갈채를 받아 마땅하다.

사랑은 그 자체로 철학자라 할 수 있다. 사랑은 나름의 이유와 고유한 논리를 가졌다. 사랑은 자주 무의식적이지만 분명 실재적이다. 비록 사랑은 환상을 자양분 삼아 자라난다

---

27 스페인 동쪽에 위치한 섬으로, 전 세계적으로 유명한 관광 휴양지.

지만, 사랑 덕분에 통찰력이 자라나기도 한다. 사랑의 시련은 자신에 대해, 다른 사람들에 대해 가르침을 준다. 또한 행복한 사랑의 경험은 특별한 존재로서의 잠재력을 일깨워주기도 한다. 사랑의 아픔 속에서 우리는 성장하고 눈뜬다. 반대로, 현실로 구현되거나 시간의 공격에 성공적으로 저항한, 사랑은 우리를 변화시키며, 그로써 일시적이든 지속적이든 일생의 업적으로 완성된다. 우리는 변화하는 외양이나 상황을 통해서 자신만의 고유한 진실을 모색한다. 이렇듯, 사랑은 우리를 자신으로 태어나게 해주고, 자신을 이해하도록 도와준다.

철학은 스스로를 '사랑의 발현'의 한 형태라고 정의한다. 철학이 최초로 도약할 때면 지혜의 이름으로 행복한 삶, 보다 나은 삶을 지향한다. 철학은 결핍을 메우고, 즐거움을 찾고 또 찾고자 노력한다. 철학은 목적에 있어서나 그 목적에 이르는 과정에 있어서나 공통적으로, 삶에 다시금 매력을 불어넣는 일이다.

이런 까닭에 우리는 도대체 어떻게 해서 철학이 사랑에 대립될 수 있다는 건지 이해하기 힘들다. 거두절미하고 사랑은 감정이며, 더 나아가서 욕망이다. 사랑은 우리를 뜨겁게 달아오르게 하고 흥분시킨다. 우리는 사랑의 달콤한 광기를 맛볼 수만 있다면 그 어떤 대가라도 치를 준비가 되어 있다. 철학적 에로스는 사유하고, 추론하고, 표현한다. 그렇지만 이 두 가지, 즉 사랑과 철학은 서로 접근하고 수렴한다. 철학자의 사랑은 본래의 영역을 넘어서기도 한다. 탐구와 인식, 세계, 사회적 관계로까지 뻗어나간다. 때문에 철학을 일반화된 에로티시즘이라 부르는 데 장애가 될 것은 전혀 없다.

우리는 이 해변에서 바로 이 같은 철학에 한껏 빠져든다. 우리는 철학이 제시하는 모든 길을 탐색한다. '지혜'란 우리가 자신에게서 찾거나 되찾는 것, 우리에게 허락된 휴가라고 하는 예외적인 기간 동안 우리에게 제공되는 것, 그러니까 근심걱정의 해소와 다름없다. 마치 눈에 보이지 않는 차단기가 우리 의식의 밑바닥으로부터 슬픈 음악이 흐르는 시간을 정지시킨 것 같다. 조금도 유쾌하지 않지만 불가피한, 종말을 암시하며 슬프게 연주되는 음악을 정지시킨 차단기는 '자아에 대한 실망'의 멜로디를 탄생시킨 부정적 사유의 흐름도 정지시킨 듯하다.

이곳 해변에서는, 삶이 그 자신으로부터 우회한다. 스스로를 소외시키는 힘의 압박이 느슨해지는 듯하다. 우리는 다시금 자신이라는 해변으로 회귀한다. 그곳에 두 발을 딛는다. 우리는 불안하지만 적당하고 우호적인, 새로운 빛의 균형 속에서 자신과 하나가 된다. 우리는 자신의 삶을 사랑하고, 삶을 사랑한다. 이러한 사랑은 바로 삶이 그 자신과 포개지는 것에 다름 아니다. 이를테면 이미지도 개인적인 자산도 없는 영점(零點)인 셈이다. 거기엔 자기애도 이기주의도 개인주의도 존재하지 않는다. 새로운 중력의 중심.

철학은 바로 이 같은 '존재의 사랑'으로부터 시작된다. 철학이 결사적으로 보호하고 옹호하는 것이 바로 '존재의 사랑'이다. 철학은 존재의 사랑이란 이름으로 자신의 위안과 회복의 기술을 개발해왔다. 고대의 철학자들이 거듭 언급하고 반복해왔듯이, 철학을 한다는 것은 인간을 자신의 부정적 정념으로부터 보듬어주는 것에 다름 아니다. 그러나 이 같은 치유법도 본연의 목적을 망각한다면, 다시 말해 자신과 타인 그리고 세계에 대한 모든 사랑이 연결되고 분절되는 근원으로 우리를 이끌지 못한다면, 무용일 뿐이다.

우리는 이제 이 같은 사실을 잘 느끼고 인식하며 완전하게 수용할 수 있다. 철학을 한다는 것은 사랑을 믿는 것이다. 철학과 사랑은 한 몸이며, 철학은 사랑을 전제로 한다. "사랑한다."고 묵시적으로 인정하지 않고서는 "나는 철학한다."고 말할 수 없다.

스피노자의 유명한 명제는 우리를 바로 이 같은 도정으로 이끈다. 스피노자는 사랑을 "외부적 원인의 사유가 동반하는 기쁨"으로 정의하면서도, 이러한 감정의 기원을 외부 대상에 두지도 않고, 외부 대상에 의해 정의하지도 않는다, 대신, 사랑의 뿌리는 욕망과 의지, 충동과 의식적 탐구를 한데 뒤섞은 도약, 영혼이 자신의 고유한 존재와 그 존재 안에서 버텨내며 힘을 키우려는 관심 속에 깃들어 있다고 강조한다.

스피노자식 사랑은 우리를 향유의 차원으로 이끈다. 육체적 사랑과 사랑의 감정이 우리에게 호의를 가져다주며, 심리적 개방성, 자신과 타인, 세계 등에 대한 가치 상승 같은 효과를 준다는 사실을 아무도 부정하지 않는다. 긍정적 형태의 사랑은 우리에게 기쁨을 가져다준다. 그런데 스피노자의 통찰력은 철학이 제공하는 향유라는 덤까지도 조명한다. 그가 보기에 우리의 영혼은 사랑을 통해서 일종의 품질개량 프로그램을 완수한다. 즉, 인간은 사랑할 때, 그 대상이 무엇이든, 자신의 잠재력을 증가시키고 그것에 가치를 부여한다.

우리 인간은 어쩌면 사랑의 이름으로 살인을 저질렀을 수도 있을 테지만, 그건 어디까지나 광기 내지는 변태적 행위, 또는 일탈에 의해서였을 것이다. 우리는 사랑을 조롱하고 헐뜯고 비판할 수 있지만, 사랑이 없다면, 인간은 자신으로부터 더욱 멀어지고, 길을 잃을 것이며, 눈 먼 상태에 놓이게 될 것이다. 반대로, 자신에 대한 증오(타인에 대한 증오는 더 말할 나위도 없다.)는 파괴적 결과만을 초래한다는 사실을 우리는 잘 알고 있다.

해변에서, 우리는 마치 엄마의 손에 이끌리듯 최초의 시원(始原)을 되찾는다. 이 인류의 시원은 우리 자신뿐 아니라 다른 사람들을 위한 것이기도 한 만큼, 그들과 함께 활용해야 한다. 우리가 입문했으며 이제 우리의 아이들과 그 뒤를 잇는 다음 세대에게 전수해야 할, 인간만이 지닌 존재의 힘. 사랑만이 허무와 악에 맞서 싸울 수 있는 유일한 힘이다. 그리고 도덕적 행동은 우리가 받은 사랑으로부터 연원한다.

그럼에도 철학이라는 말은 여전히 이중적 의미를 간직한 단어이며, 이 말이 내포하는 여러 모순은 기온이 오른다고 해서, 고도가 높아진다고 해서 기적처럼 저절로 사라지지 않는다. 일시적으로 느끼는 편안한 감정으로 인해 탐구 작업을 멈춰서는 안 된다. 철학적 행복은 동물적 우매함에 빠져 있다거나 우둔함을 수긍한다고 해서 얻어지지 않는다. 나는 부조리의 심연도 아니고 절대적 진리의 토대도 아니다. 나는 내가 지금 사랑하는 타인을 언젠가 증오하게 될 수도 있다. 나의 가장 진솔한 동기(다른 사람들의 동기 역시)조차 언제든 변할 수 있다. 세상은 집단 수용소도 아니고 지상 낙원도 아니다. '지혜'는 결코 한번 도달하면 영원히 지속되는 결정적인 상태가 아니다. 설사 그 짧은 순간이 믿을 수 없을 정도로 강렬한 울림을 지녔다 할지라도. 서핑하는 사람들이 파도가 유난히 잘 생성되는 장소를 일컫듯, 지혜 역시 하나의 '스팟(spot)'에 불과할 뿐이다.

해변에서 철학을 한다는 것은 바다와 땅이 만나는 곳에 그어진 불확실한 선 위를 걷는 것이고, 삶의 불규칙한 굴곡을 따라가는 것이다. 둘이 만나는 일치점이 있다면 그것은 재정복인 동시에 단절이기도 하다. 이곳 해변에서, 사랑과 통찰력은 하나가 되어 모순과 차이의 무한한 소용돌이를 일으킨다.

모래 위에서 논다

파도 거품이 그어놓은 선 가까이에서 어린 아이들이 모래성을 짓느라 부산스럽다. 어떤 결과가 나올지 전혀 짐작할 수 없다. 바다와 너무 가까우면, 작은 구조물이 파도의 위협을 받아 금방이라도 무너지는 것은 아닐지 염려스럽다. 반대로 너무 멀면 양동이로 물을 날라야 하는데, 그 사이에 물기 빠진 모래가 손가락 사이로 빠져나가 버리면 그것도 이만저만한 낭패가 아니다. 적당한 장소를 찾았다 하더라도 계속되는 돌발 변수들과 씨름해야 한다. 부주의한 어른들이 한창 작업 중인 공사장을 질끈 밟을 수도 있고, 다른 파도보다 유난히 깊숙이 들어오는 파도가 예기치 않게 공사장을 휩쓸어버릴 수도 있는 데다, 사소한 다툼이 벌어져 모래밭이 곧 전쟁터로 변해버릴 수도 있으니 말이다.

우리는 아이들의 모습을 지켜본다. 마음 같아선 녀석들 틈에 끼어서 모래밭을 기어 다니며 어린 기술자들을 도와주고, 조언도 해주고 싶건만.

하지만 그렇게 한다면 웃음거리가 될 것이다. 나이마다

어울리는 놀이가 있는 법이니까.

　사실 철학을 한다는 것도 아이들이 모래성을 쌓는 일과
별반 다르지 않다. 우리는 철학을 하면서 삶에 대해 성찰하
고, 적극적으로 자신에게 되돌아가고자 한다. 우리는 스스로
에게 질문을 던지고, 자신을 분석하고, 자신에게 말을 걸고,
자신을 다독거린다. 그러면서 자신의 정체성과 행동방침, 실
존에 의미를 부여하려 한다. 우리는 자신을, 자신의 한계, 세
계 내에서의 자신의 위치를 의식한다. 우리는 사유를 펼치
고, 비교하고, 판단하고, 평가한다. 우리는 자신의 의지와 욕
망을 이끌어내고 또 확인한다. 요컨대 우리는 자신에 의한,
자신에 대한 작업에 몰두하고 탐구한다.

　이렇듯, 우리는 자신의 영역 안으로 진입한다. 과연 '나
자신'의 본질은 무엇이란 말인가? 아니, 도대체 '자신'은 무
엇을 의미하는가? 아이들이 즐겁게 쌓고 있는 모래성이 이
같은 물음들에 대한 답변을 찾아내는 데 도움을 준다. 자신
에 대한 작업은 우리 자신이 자재인 동시에 작업자이며 작업
장인 셈이다.

　우리 자신이 자재라고는 했지만, 사실 그건 아이들이 쌓
는 모래성의 자재만큼이나 붙잡기 힘들다. 우리 자신, 우리

의 정체성이 문제되기 때문이다. 모래는 건조하거나 축축하고, 신뢰하기 힘든 재료로써 실제로 사용하기 불가능한 가짜 회반죽이다. 마찬가지로, 우리가 관심을 자신에게 쏟고 자신을 향한 탐색에 돌입할 때, 그리고 그것이 자신을 알고 위로하며 각성하여 변화하려 하는 것이라면, 요컨대 철학하는 것이라면 우리는 모래성을 쌓을 때와 똑같은 어려움에 봉착하게 된다.

우리가 포착하려는 자신의 정체성은 손가락 사이로 빠져나가는데, 이는 곧 우리 자신으로부터 도망가는 것이다. 우리가 동일하고 안정적인 실체라 간주하여 끊임없이 포착하려 드는 우리의 자아는 다른 것이 되어버린다. 우리가 하나이고, 고정적이며, 지속적이라 믿었던 것은 쪼개지고, 움직이기 시작하고, 변한다. 우리는 자신을 붙잡아 모습을 드러내려 하지만, 어느 틈에 날아가고 만다.

우리는 작업이 진행됨에 따라 근무 중인 작업자의 이와 같은 불안정성을 발견하게 된다. 작업자에게는 최소한의 도구 밖에 없다. 게다가 대개의 경우 작업자는 게으르며, 어쩌다 열의를 보인다고 해도 임무를 다하지 못하거나 심지어 작업 중에 부상을 당할 수도 있다. 더구나 이 희한한 작업에 있어서 결과는 절대 장담할 수 없다. 솔직함과 의지, 열의가 충만하다고 해도 그것이 좋은 결과를 보장해주지는 못한다. 그러므로 작업자는 의기소침해지다가 결국 포기한다. 아니, 그보다 더 고약하게는, 작업자가 목표를 목전에 두고서 갑자기 작업자가 다른 일에 관심이 쏠려, 하던 일을 중단하는 사태가 발생하기도 한다.

해변에서 우리는 붙잡기 힘든 자재와 신뢰하기 힘든 작업자만큼, 구축하고자 하는 작업장 또한 모호하다는 사실을 발견한다. 오직 몇몇 전문가들만이 간혹 해변에 멋진 건축물을 세우는 데 성공한다. 하지만 대체로 일을 마무리하는 작업장은 매우 드물다. 대관절 그런 작업엔 어떤 목표를 부여할 수 있을까? 자신에 대해 알자? 자신을 강화하자? 자신을 변화시키자? 자신을 쌓아올리자? 그것도 아니면 혹은, 세상에 대해 숨겨진 진리를 캐내자? 우리는 쉴 새 없이 질문하고 의심을 품는다. 몇몇 사람들이 단호한 프로그램에 따라 지어보라고 권유한 내면의 성은 허물어지고 만다.

그런데 이러한 붕괴는 이제 시작일 따름이다. 자신을 쌓아올리는 작업장은 이를테면 참호와도 같아서, 벽돌을 한 장 한 장 쌓아올리는 건 고사하고, 어떻게 해서든 무겁고 쓸데없는 재료는 덜어낸다. 쌓아올리는 것이 아니라 파내는 것,

속을 비우는 것이다. 확신이며 억압, 환상이 이렇게 해서 모두 덜어진다.

"쓸데없는 것은 걷어내라."

자신을 짓는 일을 조각 작품 구현에 비유한 철학자 플로티누스가 한 말이다.

사유는 근근이 지탱되긴 해도, 규칙적인 신체단련을 통해 몸을 가다듬을 때처럼 근육이 붙지는 않는다. 사유는 함정에 익숙해지고, 위험을 감수하면서 쾌감을 느낀다. 그리고 그렇게 함으로써 변해간다. 그런 방식을 통해서 우리는 조금은 덜 우둔하고 조금은 덜 초보적으로 진화한다.

우리가 스스로의 그림자를 떨쳐내기란 불가능하다. 자신을 짓는 일엔 끝이 없고, 죽어야 비로소 끝이 난다. 그렇지만, 기껏 정상으로 밀어올린 돌이 또 다시 아래로 굴러 떨어지고, 떨어진 돌을 다시 끌어올리기를 반복하는 시시포스(Sisypos)[28]의 야간작업과는 다르다. 해변에서는, 모래는 항시 새롭고, 풍경 또한 지옥의 경과는 사뭇 다른 데다, 눈부신 빛이 일찍부터 우리의 발걸음을 비춘다. 자신을 짓는 일은 수면에 비친 자신의 모습을 관조하다가 파멸에 이르는 나르시

---

28   그리스 신화에 나오는 코린토스의 왕. 저승의 신 하테스를 속인 죄로, 저승에서 영원히 무거운 바위를 산 정상으로 밀어올리는 형벌에 처해진다.

스(Narcissus)의 작업과도 다르다. 해변은 재정비와 화해의 공간이며, 해변에 접한 바다는 나르시스의 연못과는 달리 거울 역할을 하지 않는다.

해변에서 우리는 특이하고, 이상야릇하며, 이국적인 영토와 마주한다. 우리는 내밀한 동시에 세상에 열려 있고, 친숙하면서도 낯설고, 현재이면서 미래를 기약하는 이 영토에 발을 들이민다. 그 영토는 우리의 감각과 우리의 사유, 우리의 욕망의 가능성을 간직한 공간으로, 우리는 거기서 한걸음 한걸음 앞으로 나아간다. 그 영토를 즐겨 걸었던 폴 발레리는 이렇게 말했다.

"바다로 향하는 시선은 바로 가능성에 던지는 시선이다."

발레리에 이어 영국 출신 정신과 의사이자 정신분석가인 도날드 위니콧(Donald Winnicott)은 그가 잠재적 공간이라 부르는 곳, 상상과 현실 사이에 놓인 영토를 탐험했다. 이 공간은 엄마와 아이가 애초의 공생관계를 벗어나 분리될 때 열린다.(항상 그렇지는 않다.) 엄마와 아이 사이에서 이루어지는 놀이는 자율성과 동시에 공유에 입문하는 계기가 된다. 위니콧은 바로 이 창조적이면서 보듬어주는 단계에서 문화 활동의 원초적 모델이 만들어진다고 말한다.

해변은 바로 이 잠재적 공간, 고독과 존재, 위안과 기대, 자유와 공유의 공간을 우리에게 펼쳐준다. 철학의 작업장도 본질적으로 같은 성격을 갖는다. 그곳에서 우리는 고독과 스스로 사유해야 하는 위험을 감내한다. 또한 그곳에서 우리는 인간 공동체와 연결된다.

평상시 우리는 자신을 짓는 일 따위는 감행하지 않는다. 모래성 쌓기는 고려의 대상이 되지 못한다. 우리의 삶은 진지함만을 요구한다. 우리는 특정 인물, 잘 짜인 일상의 프로그램, 서열, 지위 따위에 휩쓸린다. 사실 자신에게 충실한 태도란 너무나 완전하고 훌륭한 것이어서, 결국 우리를 가두고, 진력나게 하고, 지치게 만든다. 이것이 바로 정체성을 공고히 다지는 모든 접합제들이 우리 자신을 지어주기는커녕 오히려 우리를 와해시킨다는 증거라고 할 수 있다. 그 접합제들은 자신과의 거리 두기를 불가능하게 만들 뿐 아니라, 때론 부유를 필요로 하는 마음, 자유를 갈망하는 마음이 반드시 필요로 하는 숨구멍을 무덤 봉하듯 막아버린다.

해변은 우리에게 우리만의 장소를 돌려준다. 해변에서 우리는 중단된 듯 보이지만, 실은 우리 자신이 배우이자 무대이고 극본이기도 한 이야기를 재개한다. 해변에서 우리는 자유와 제약, 우여곡절, 내밀한 자성, 공유의 지평을 갖춘 주관성의 작업장을 되찾는다. 고독과 관계의 학교. 그곳에서 우리는 인간이 된다, 혹은, 인간으로 만들어진다. 우리는 있는 그대로의 자신을 인정한다.

나 자신은 건축물이 아니며, 조각도, 폐쇄된 구심점도 아니다. 그것은 정의할 수 없고, 불안정하며, 열려 있고, 매 순간 새로워지는 작품이다. 지속적인 창작이자, 끝없는 휴식이다. 개별적이면서 동시에 문화적인 이 작업장은 현실과 대립하고, 현실을 부인한다. 또, 반대로, 현실은 이 작업장에게, 말하자면 음(陰)의 성질을 지닌 환경이 되어준다. 그 환경 속에서 작업장은 성취 가능한 것으로 드러난다. 이를 테면 우리는 다시 한 번 무정형 안에서 아름다움을 찾고, 연약함 속에서 진리를 건져 올리는 것이다.

해변의 어린 건설 기술자들은 무언가 급박한 의무감에 쫓기기라도 하듯 갑작스레 모래성 쌓기를 중단한다. 파도가 곧 아이들의 작업장 흔적을 지워버릴 것이다. 하지만 아무래도 좋다. 아이들은 그들을 자신으로부터 멀어지게 하는 비디오 게임에서 풀려나 인간으로서 즐거워했을 테니까.

환해진다

드디어 우리는 햇빛을 즐긴다. 햇빛이 거기 있고, 매일매일 풍성하게 쏟아진다. 햇빛은 우리의 몸을 덥히고, 우리의 욕망에 불을 지핀다. 햇빛은 우리의 눈을 뜨게 하고, 우리의 사유를 눈이 부실 정도로 밝힌다. 우리는 이제껏 그늘과 추위 속에 머물렀다. 그래서 우리는 햇빛을 갈구했고 또 요구했다. 이제 햇빛은 거대한 존재감으로 우리를 감싼다. 햇빛 아래서 재빨리 생각이 떠오르는 사이, 세상은 자명하고, 통일되고, 조화로운 듯 보인다.

수많은 연구들이 공통적으로 지적하길, 적당히 쬐는 햇볕은 우리의 피부며 뼈, 수면의 질, 사기(士氣), 과잉행동 등에 좋은 영향을 미친다고 한다. 더러는 햇빛이 우리의 학습능력과 이해력을 증진시킨다고도 한다. 해변에서, 땡볕이 내리쬐는 무더운 오후시간에, 우리의 정신과 육체가 모두 행복한 무감각 상태에 빠져들라 치면, 그런 말들이 과연 사실인지 의심이 들기도 한다.

어쨌거나, 태고부터 철학은 빛과 사유가 긴밀한 공모관계를 맺고 있다고 말해온 건 사실이다.

"어둠 속 인간은 자기 자신을 위해 촛불을 밝힌다."

철학의 초석을 다진 현자 중 하나인 헤라클레이토스(Heraclitus)는 기원전 6세기경에 이미 사유를 빛에 빗대곤 했다. 플라톤도 초월에 대해 설명할 때 해를 은유로 사용했다. 데카르트는 자신의 철학을 빛과 진리에의 탐구로 삼았다. 또 카뮈는 이렇게 말했다.

"오, 빛이여! 이는 고대 비극에 등장하는 모든 인물들이 자신의 운명에 직면할 때 부르짖는 소리였다."

철학자들은 외견상으론 어두워 보일지라도, 실제로는 빛을 발하거나 '빛을 좋아하는 사람들(photophiles)'이다. 철학자들은 자신들이 탐구하는 대상이나 그 방법을 표현하기 위해 빛이나 빛과 관련된 용어들, 환기력이 강한 용어들을 즐겨 사용한다.

이제 우리는 우리가 찾는 것이 무엇인지 잘 알 수 있다. 확실히 우리는 밤을 사랑한다. 밤은 우리의 욕망과 꿈이 활짝 피어나기 좋을 뿐만 아니라, 우리의 내밀함이며 우리 천성의 어두운 면을 포용한다. 그리고 밝아오는 아침은 밤이라는 지평으로부터 더 잘 보이는 법이다. 그러나 어둠만으로는 우리에게 충분하지 않다. 우리에게는 광명과 확신, 분별력도 필요하기 때문이다. 그 누구도 원초적 무지상태에 머물러 있길 원하지 않고 그럴 수도 없으며, 유기적인 삶만으로 만족할 수도 없다. 우리 모두는 비상하고자 하는 욕구를 가졌고, 빛을 향해 나아가도록 부추기는 힘의 영향을 받는다. 비록 우리는 대부분의 시간 동안 이 힘을 온전히 이용할 줄도 모르고 그럴 수도 없지만, 그럼에도 이 힘은 우리를 형성한다.

이곳 해변에서 우리는 이 지식의 빛, 간헐적인 빛의 흐름, 빛의 명멸(明滅)을 받아들이기 위해 노력한다. 우리는 빛의 단절과 그늘도 받아들이긴 하지만, 그럼에도 빛이 비치는 환한 쪽을 선택한다. 우리가 빛을 직접적으로 필요로 할 때는 더더욱 그렇다. 우리는 제각기 자신의 등불을 켠다. 우리 자신을 위해 등불을 밝히기는 하지만, 정작 우리는 등불이 비추는 빛을 보지 못하거나 부분적으로만 본다.

횃불을 자신의 쪽이나 자기 자신을 비추도록 들면, 횃불은 텅 빈 동굴만을 보여줄 뿐이다. 그러다가 마침내 뭔가 눈에 보이는 것이 포착될 때, 우리는 곧 불만족스러워 하거나 실망한다. 우리의 시선이 일종의 석순 같은 형태에 멎는데, 우리는 이 형태를 도저히 우리 자신으로 인정할 수 없기 때문이다. 이런 일은 우리가 자신에게로 되돌아오거나, 자신의 행동이며 동기부여, 계획 등을 진지하고 명철하고 단호하게 분석할 때마다 매번 일어난다. '자신으로의 회귀'라고 하는 움직임 자체가 상황을 변모시키고 우리를 변화시킨다.

빛이 자신을 향해 되비치는 이러한 상황에서 우리는 또 한 가지 사실을 깨닫게 된다. 자아와 사유라고 하는 것은 공허나 가능성의 형태로만 인식될 수 있다는 점이다. 인식한다는 것은 세계 안에서 구현되는 힘을 인정하는 일이다. 이런 유형의 자기 인식은 자기애, 또는 이른바 내적 삶이라고 부르는 그랑 블루의 심연 속으로 뛰어드는 행위를 방지하는 가장 효과적인 방벽이다. 자신을 안다거나 자신을 비추는 행위는 각자가 조금은 자신 또는 타인이 되어야만 가능하고, 가치를 가질 수 있다.

따라서 철학을 한다는 것은 그저 인식한다거나, 자신을 인식하는 것에 국한하지 않고, 존재의 빛에 열려 있다는 것도 의미한다. 해변에서 잠시 누리는 이완과 쾌락의 상태 속에서, 의식은 날카로워지고 강력해진다. 하지만 이 같은 의식, 즉 자신을 인식한다고 하는 이 수수께끼 같은 능력은 무엇보다 먼저 존재방식 내지는 존재에 다다르는 일이다. 우리는 지금 해변에 있음을 의식하고, 우리 자신임을 의식한다.

우리는 바람을 빵빵하게 불어넣어야 하는 고무매트도 아니고, 멍하니 수평선만 응시하는 옆자리 여인도 아니란 사실을 의식한다.

자신으로서의 존재감과 동시에 세계 내에서의 존재감이라는 확신. 이 같은 의식이 없다면 인간은 더 이상 인간이 아니며, 이를테면 존재의 장막을 뚫고 나가 타인도 단어도 시간도 없는 실재에 부딪혀 와해될 것이다. 의식은 빛을 되돌아오게 하지만, 빛이 찾아드는 장소 자체가 광원은 아니다. 의식은 빛을 밖에서 안으로, 안에서 밖으로 비춘다.

하지만 '나 자신'이란 것은 수수께끼 같은 존재감 안에 깃들어 있다. 우리를 세계 속으로 끌어들이는 이 거대한 존재감이 다시 한 번 우리에게 손짓한다. 우리는 얼떨결에 그 존재감의 초대를 받은 손님인데, 이제 그 존재감이 우리에게 그에 대한 해석을 통해서 뿐만 아니라 행동과 시도, 참여 등을 통해 그에게 의미를 부여해주길 촉구한다. 이것이 존재에 대한 의식의 경험으로, 우리는 그럴 시간적 여유가 주어지자마자 그 경험의 진실과 만난다.

인식의 빛, 의식의 빛. 그리고 이성의 빛도 있다. 이와 같은 지적이고 영적인 향일성(向日性)은 18세기에 서양에서

'광명의 철학(philosophie des Lumières)[29]'이 발달하면서 절정에 달했다. 광명의 철학은 인식이 인류와 인류의 해방을 위해 봉사하는 방법을 추구했던 야심차고 관대한 철학이었다.

인간은 교육과 문화, 과학적 진보 덕분에 고양되고 평화로워진다. 광명의 철학은 절대 왕정과 맞서 싸웠으며, 새로운 사회의 철학적, 법률적 토대를 놓았다. 광명의 철학은 교회의 권위에 반대해 일어났고, 교조주의와 광신주의에 맞섰다. 광명의 철학은 종교적 갈등으로 혼란스러웠던 유럽에 관용의 원칙을 도입했다. 독일에서 이 같은 거대한 철학적 흐름을 주도했던 칸트는 〈광명이란 무엇인가?〉라는 제목의 글에서, 다음과 같은 답변을 제시한다.

"광명이란 인간 스스로 자초한 후견 상태로부터 인간을 해방시키는 것이다. 후견 상태란 타인의 지도 없이는 자신만의 오성(惡性)을 사용하지 못하는 상태를 말한다."

그러므로 빛은 자신을 향한다. 철학을 한다는 것은 끊임없이 세상을 향해 나아가면서도, 자신의 비판적 성찰 능력을 가동시키는 일이다. 자신이 제일 먼저 비판적 성찰의 대상이 된다. 이 같은 사적 작업 — 사적 작업이라고 해서 반드시 개

---

29 'lumière'는 프랑스어로 '빛'을 뜻한다. 빛을 중시하는 이 철학은 흔히 계몽철학이라고 불린다.

인적인 작업은 아니다. — 은 우리가 세계에서 진행해야 하는 작업과 독립적으로 이루어진다. 국제적으로 활동하는 기관들이 시장의 히스테릭한 움직임을 규제해야 하고, 종교적 광신주의를 뿌리 뽑고, 모든 이를 위해 평화와 품위 있는 삶을 보장해야 마땅한 요즈음에, 광명 철학의 명령은 여전히 시사적이다.

오늘날, 인간 세계를 빛으로 밝히고 인간을 고양하고 해방시킨다고 자처하는 이 철학의 정당성이 다시금 문제시되고 있다. 진보는 과연 실제로 혜택을 가져다주는가? 과학과 기술의 괄목할 만한 발달은 우리를 곧장 재난으로 끌고 가는 것 같은데도 우리는 윤리적 제약을 통해 이 같은 움직임을 멈추거나 규제할 수도 없다. 무제한적으로 행사되는 개인적 자유가 급기야 국가와 공동체를 무너뜨렸기 때문이다. 무(無)신앙은 절망과 냉소주의, 중독, 폭력으로 향하는 문을 활짝 열어준다. 그 결과, 광명의 정신이 실제로는 세상에 비인간적 어둠의 장막을 퍼뜨렸다는 그릇된 결론에 도달한다. 요컨대, 광명의 정신이 오늘날 우리가 겪고 있는 불행을 책임져야만 한다는 것이다.

이렇듯, 우리 시대는 반(反)광명을 기리며, 강력한 검은 태양의 인력에 굴복한다. 바꿔 말하면, 환멸뿐인 게으르고 미래 없는 세상을 비추는 허무주의가 빛을 발한다. 그러나 이는 손쉬운 가짜 조명법이다. 사실 석양빛에 불과하므로. 허무주의는 우리의 비판 정신을 혼미하게 만들어 거꾸로 기능하게 하고, 종국엔 우리의 사기를 떨어뜨린다. 심지어 인간으로서 행해야 할 임무를 포기하도록 만든다. 허무주의는 스스로 침몰하자는 권유이다.

오늘날 광명을 되찾아 이를 발전시키려는 시도는 그 어느 때보다도 시급하고 절실하다. 우리의 세계는 과잉과 파행이라는 이유를 들어 이성을 성토한다. 이성이 불필요하고 사용하기에 위험한 것으로 판단될 수도 있지만, 그것은 어디까지나 이성이 자신에게 행사되고, 자신을 검토하며, 문제 삼고, 반대에 나서기를 포기할 때뿐이다. 이성은 자기도취에 빠지거나 자신의 권능에 취해 있을 때, 기능장애를 일으킨다. 반면, 평가하고 결정하는 역량을 간직하고 있다면, 이성은 여전히 모든 영역에서 우리를 위해 빛을 비춰줄 수 있는 최상의 손전등이다.

우리는 고단한 겨울의 어둠 속에서 지내는 동안 자신에게로 회귀하는 문제에 관심을 쏟을 겨를이 없었다. 자신을 좌절한 '자아' — 본연의 자기 모습이 아닌 모습으로 오인받는 데 실망한 자아 ─ 로 인정하지 말아야 한다는 생각도, 세계의 존재를 향해 열리고, 자유롭고 비판적인 사유를 재개한다는 생각도 잊고 지냈다.

　해변의 빛이 우리를 깨운다.

햇빛을 받는다

하루 중 볕이 가장 강렬하고 뜨겁게 내리쬐는 이 시각엔 특별히 할 일이 없다. 몸을 조금만 움직이려 해도 힘이 든다. 마르셀 파뇰(Marcel Pagnol)의 소설에 등장하는 알렉상드르 아저씨를 닮은 듯하다. 그는 자기 그림자를 끌고 다니기가 싫어서 햇빛을 거부하는 인물이다. 산다는 것은 그저 멍한 상태, 느슨해진 사유, 될 대로 되라 같은 말들과 동의어가 된다. 그저 태양에 자신을 맡긴다. 조용히 정신을 건조시키고 순화시키는 태양의 활동에 순응할 뿐이다.

그럴 수밖에 없는 것이, 손가락 하나 까딱하지 않고도 이미 모든 것이 완성되고, 모든 것이 주어졌다고 보이기 때문이다. 모든 탐욕의 절정, 모두가 군침을 삼키며 눈독 들이는 이 '양지(陽地)'를 용케 찾아내서, 손톱만큼의 예외도 없이 온전히 소유하고 있다. 게다가 우리는 우리 자신이므로, 자신의 본래 모습으로 존재하고 싶었던 욕망도 실현되었다. 요컨대 필요한 모든 것을 가졌다. 비로소 파스칼이 '모든 것의 시초이자 대지 찬탈의 이미지'로 보았던 양지에 대한 강박적 결핍으로부터도 해방된 것이다.

그러고 나니 이제 우리는 편협성과 허영심의 크기를 가늠할 수 있다. 그것은 신기루였다. 민간의 지혜는 마침내 평온을 되찾은 정신에게 다음과 같은 뼈 있는 격언을 속삭인다. 행복하기 위해서는 많은 것이 필요치 않다. 그리고 약간의 필요한 것, 우리는 그걸 이미 가졌다.

냉소주의자 디오게네스는 아테네의 거리에서 걸인처럼 살았다. 자연 상태에 근접한 삶을 살길 원했던 그는 인내력을 배양할 목적으로 오랜 시간 동안 몸을 햇볕에 노출시키곤 했다. 이 철학자에게 매료된 알렉산드로스 대왕(Alexander Ⅲ)은 어느 날 그를 찾아와 자기가 해줄 수 있는 것이 무엇인지 물었다. 디오게네스가 거만하게 대답했다.

"태양을 가리고 있으니, 좀 비켜서시오."

그는 그것 말고 원하는 것이 없었다.

그런데 우리는 과연 디오게네스처럼 수동적인 수용, 조용히 햇빛이나 흡수하는 삶에 진정으로 만족할 수 있을까? 햇볕 쬐는 시간이 조금만 길어져도 대번에 알 수 있는 사실이지만, 이런 식의 삶이 마냥 수월하기만 한 것은 아니다. 존재로 충만한 육체란 변화이고, 움직임이고, 박동이며, 내적 또는 표피적 증상이다. 태양 아래서 우리의 정신은 존재와 삶의 욕망이자 의지이다. 원동력, 환상이 타버리면서 남긴 잿더미 속에 불씨를 은닉한 채, 우리 안에서 여전히 꿈틀댄다. 솔직히 행복하기 위해서는 필요한 약간의 것만으로 만족하기란 불가능하다. 산다는 것은 더 살기, 사는 것 이상으로 살기를 원하는 것이다. 우리는 공중으로 날아오르지 못하는 삶, 테두리 — 비록 유연하고 명확하지 않은 테두리라고 할지라도 — 에 갇혀 움쩍달싹 못하는 삶보다 나은 삶을 원한다. 우리는 높이 올라가기를, 태양 속에서 불끈 솟아오르기를, 성장하기를 원한다.

요컨대 자신만의 고유한 초월, 좀 더 정확히 말하면 횡단과 상승의 움직임과 떼려야 뗄 수 없는 삶의 경험을 원한다. 플라톤은 자신의 베스트셀러인 《국가론》에서, 알쏭달쏭하고 역설적인 이 같은 역동성, 생명의 발현이자 동시에 지지와 생기를 불어넣는 정신적 과정을 태양의 은유를 빌어 모델화하려고 시도했다.

플라톤이라는 이름만 들어도 이내 그 유명한 동굴의 비유와 그것이 함유하고 있는 이중적인 연상이 더불어 떠오르게 마련이다. 한편으로는 어둠에서부터 무지와 환상에 이르는 축, 다른 한편으로는 태양의 은유를 빌어 앎과 진리를 설명하는 축, 이렇게 두 가지가 바로 그 이중적인 연상이다. 플라톤은《국가론》제7권을 여는 이 대목 바로 직전에서 태양의 이론을 펼친다. 대화가 이 대목에 이르렀을 때 소크라테스는 대화 상대자 글라우콘으로부터 선(善)의 정의를 말해달라는 요청을 받는다. 까다로운 질문이다.

"모든 영혼이 추구하는 바."

욕망과 인식을 하나로 묶는 이 애매한 현실을 과연 어떻게 명쾌하게 정의할 수 있을까? 망설이던 소크라테스는 상대에게 뭐라고 대답해야 할지 모르겠다고 말했으나, 상대의 거듭되는 재촉에 다시 한 번 노력해보겠다고 하면서 관점을 약간 바꾼다. 그러면서 그는 비유를 사용하는데, 즉 선에 대해 이야기하는 대신 선과 가장 흡사한 태양을 언급하는 것이다.

토론을 요약하면 이렇다. 태양 빛은 만물을 비추고 모든 것을 보게 해준다. 마찬가지로, 선의 이데아 또한 우리의 정신에 인식할 수 있는 능력을 부여한다. 더불어, 인식의 대상이 되는 것들에는 진리로서의 지위를 부여한다. 이와 동시에, 태양은 눈으로 볼 수 있는 대상을 만들어내는 주체이다. 태양이 없다면 삶도 없고, 생명체의 성장이나 영양분도 존재하지 않는다. 가시적인 것의 근원인 태양은 그에 앞서(왜냐하면 눈으로 볼 수 있으려면, 우선 존재해야 하니까.) 삶의 원리이기도 하다. 선의 이데아도 이와 마찬가지로 그 '존엄성이나 위력에 있어' 존재 너머에 자리 잡고 있다.

존재 너머에 있는 근원에 대한 생각은 서양 사상사에서 면면히 이어 내려오면서, 시대에 따라 다양한 방식으로 표현되었다. 신플라톤주의 철학자 플로티노스는 이를 '일자(一者)'라고 부르면서 오직 황홀경을 통해서만 접근할 수 있는 궁극처라 여겼다. 아우구스티누스 성자는 이를 신으로 대체했고, 데카르트는 이를 신성한 무한(無限)이라 불렀다.

이처럼 다양한 시도와 해석은 오늘날 나름의 족적을 남긴 것으로 보인다. 경제만능주의와 물질지상주의의 절충이 빚어낸 오늘날의 앵글로색슨 문화는 신체를 통한 초월을 우선시하면서 지배적인 문화로 군림하고 있다. 스포츠 용품을 생산하는 유명 메이커들은 경쟁적으로 압도적인 광고 전략을 앞세우며 개인적 쾌거와 성과를 부추긴다. 소비자의 영웅주의가 오히려 영웅의 지위를 침탈하는 가운데, 형이상학자의 지위는 더더욱 쪼그라들 뿐이다. 판매가 만능이니까.

거대 스포츠 용품 브랜드들의 광고 중에 젊은 여성 운동선수가 오로라 빛 속에서 달리는 장면이 등장한다. 이 선수는 또 다른 신비로운 선수 뒤에 바짝 붙어 달리는데, 다름 아닌 바로 자기 자신이다. 이 광고는 상상적 공간을 보여준다고도 말할 수 있지만, 다른 한편으론 초월의 경지를 지상으로 끌어내려 문자 그대로 보여주려 할 때 나타나는 모순을 보여주는 것이기도 하다. 이 같은 허구의 시나리오가 아니라면, 어떻게 자기 자신을 추월하는 장면을 표현할 수 있단 말인가? 우리가 자신을 추월할 때, 우리는 여전히 트랙 위에 있다. 추월하는 사람은 추월당하는 사람과 여전히 동일인인가? 만일 동일인이라면, 과연 추월했다고 말할 수 있을까?

또 다른 질문 하나. 사적, 개인주의적 초월은 과연 사회생활과 양립할 수 있는가? 경쟁심이 최악의 극단주의로 이어질 수 있다는 것은 비밀이 아니다. 초월이라는 개념이 지향하는 새롭고, 우월하고, 순수한 '이상적 인간'에 대한 추구는 정치적 괴물을 탄생시켰다. 이처럼 목적으로써 혹은 수단으로써의 초월은 황색 선을 넘는 위험한 탈선을 운명적으로 초래한다.

이런 까닭에 플라톤의 우화는 여전히 의미 있게, 흥미진진하게 읽힌다. 그가 '현실 너머의 실재'를 이데아로 보았는지 어땠는지는 중요치 않다. 그저 말하는 방식일 따름이기 때문이다. 플라톤의 천재성은 태양이란 단순한 이미지를 빌어, 우리에게 생기를 불어넣으며 우리를 있는 그대로의 세상 너머로 이끄는, 수수께끼 같은 삶의 실재를 열어 보이는 데 있다.

　　태양은 그것 없이는 삶이 불가능한 천체 이상을 의미한다. 또 우리가 소유하고 인식할 수 있는 것 이상을 의미하기도 한다. 태양은 '살아진 삶'(왜냐하면 태양은 삶에 앞서고, 삶을 조건 짓기 때문이다.)뿐 아니라, 권력의지를 북돋는 완전함의 추구를 넘어선다. 태양은 우리가 처한 환경과는 다른 환경, 곧 존재와 비존재, 미완성과 불충분성의 환경에 속한다. 태양은 탐색의 대상이 아니다. 다시 말해서 우리가 정의할 수 있는 것, 도달해야 할 목표, 의지, 개인적 욕망의 산물… 이런 것처럼 우리가 정의할 수 있는 성질의 것이 아니다. 우리는 태양을 정의할 수 없고, 묘사할 수 없으며, 소유하거나 제어할 수도 없다. 태양은 끝없는 도전이다.

　　태양은 우리의 해변을 비추는 빛이다. 우리에게 해변이란 세상 밖에 있으면서도 친숙하고, 진정으로 거주하지도 않으면서 두 발로 굳건히 버티고 서 있는, 막연하면서도 감각적인 영토이다. 태양은 손아귀를 빠져나가면서, 채워지지 않으면서 끊임없이 커져만 가는, 강력하고 모호한 욕망에 의해 이끌리는 우리의 형이상학적 인간조건을 외부로부터 비춘다.

플라톤은 이처럼 신비로운 태양에 대한 갈망을 '선의 이데아'라 명명한다. 물론 이런 명칭을 문제 삼을 순 있다. 실제로 선을 실현하려면 수많은 모순과 부딪치게 마련이다. 선의 동기부여가 모호하거나 애매한 경우가 드물지 않고, 선을 실행하라는 촉구 또한 거짓이거나 위선적일 수 있으며, 그 실현은 실패로 돌아가거나 비생산적인 것일 수 있다. 그럼에도 불구하고, 선의 부름은 의심과 불완전, 모순 등을 뛰어넘어 여전히 그 위력을 간직한다. 반대로, 악의 부름은 그 자체로 자명하다. 분명하고, 노골적이며, 우리의 인간조건을 적나라하게 드러낸다. 선은 우리를 필요로 하고, 우리를 부추기며, 날이면 날마다 우리의 용기를 요구하는 수수께끼이다.

애무, 몽상, 자신을 버리기, 태양이 가져다주는 즐거움은 철학으로 이끄는 왕도이다. 이제 우리는 입장을 바꾼다. 살고, 사유하고, 행동하는 즐거움을 증폭시키고, 가장 단순한 감각에서부터 가장 복잡한 계획에 이르기까지 자신만의 행복을 추구하는 삶을 영위하기. 이 여름날은 우리에게 그렇게 하라고 권유한다.

이제 내일이면 우리는 벌써 자신의 뒷전으로 밀려나게

될 것이다. 임무와 제약에 정신없이 매달리다 보면, 우리는 초월에의 부름에 호응하기 힘들어질 것이다. 하여, 우리는 지금 이 순간만이라도 플라톤의 태양을 맘껏 즐겨야 한다. 태양은 우리가 해변을 떠나 그림자와 결핍의 도시로 되돌아가야 할 때쯤이면, 절실해질 욕망의 에너지를 넘치도록 제공해준다.

돌아간다

때가 됐다. 이제 해변을 떠나 도시로 되돌아가야만 한다. 우리는 깜깜한 터널과 바다가 환히 내려다보이는, 멋진 경관이 번갈아가며 나타나는, 예컨대 이탈리아 북부의 도로 같은 길을 달린다. 우리는 그간 보냈던 여정을 거꾸로 되짚어본다. 우리의 기억은 내장 속과도 같은 어두운 공간과 화창한 햇빛으로 구멍이 숭숭 뚫린 공간 사이에서의 체류를 재구성한다. 여름 한철의 휴식 총결산.

해변에서, 우리는 무엇보다 먼저, 존재가 손짓하며 존재감을 가지라고 북돋아주는 자신의 근원, 바쁜 일상이나 근심 걱정 탓에 돌아볼 여유가 없었던 그 근원을 찾아 나섰다. 낮잠의 유혹에 굴복하는 대신, 고정관념과 편견, 수동성에 빠져 매일 허우적거리던 수면상태로부터 벗어나기 위해 노력했다. 우리는 놀라고, 의문을 품고, 고독을 받아들이면서 실재와 맞닥뜨리는 법을 다시 배웠다.

이 같은 명징한 한가로움 속에서, 우리는 유일하게 시도

할 만하고 삶에 의미와 가치를 부여하는 일이란, 바로 인간이 되고, 자신이 지닌 욕망과 성찰, 자유의 잠재력을 발휘하는 일이란 점을 깨달았다.

우리는 몇몇 대표적인 훈련을 통해 철학이 어떻게 사색을 구축하고, 선택을 검토하며, 행동지침의 방향을 설정하는 데 도움을 줄 수 있는지 살펴보았다. 또, 철학이 어떻게 사랑, 웃음, 소통처럼 인간의 본질을 구성하는 활동을 북돋우며 강화하는지도 보았다. 아울러, 철학이 우리의 사유와 욕망에 깃들어 있는 비극적인 모순들도 은폐하려 들지 않는다는 사실도 알았다. 마지막으로, 우리는 철학이 어떻게 우리에게 영원, 무한 또는 절대로의 문을 열어주는 내면의 속삭임에 귀를 기울이는지, 초월로 이끄는지도 보았다.

우리는 궁극적 진리나 전적인 만족감이라고는 느끼지 못한 채, 바닷게처럼 갈지자 횡보만 거듭해야 하는 길고도 굴곡진 길에서 그래도 몇 걸음을 내딛었다. 많은 사람들이 오가며 매끈하게 다져놓은 오솔길로부터 멀리 떨어진 그 길, 그 길은 신앙과 과학, 정치 참여의 고속도로와는 다르다. 그러나 언젠가 고속도로들 또한 인간을 고양시키고 자유를 증진시키며 자신과 화해하도록 노력하게 된다면, 그 길은 결코 멀리 떨어진 외딴길로만 치부되지는 않을 것이다. 말하자면, 대로와 양립하는 길이 될 것이다.

소크라테스, 데카르트, 니체…. 해변에 머무는 동안, 우리는 탁월한 비전으로 인류를 빚어내고, 인간이 나아가는 길에 함께 하면서 자극제가 되어주었던 철학자들을 만났다. 그렇지만 그들 중 어느 누구도 궁극의 진리를 제시하지 않았다. 이들의 철학은 예외 없이 논박의 대상이 되고, 변형되고, 재활용되고, 극복되었다. 이들 철학자들은 저마다의 역할을 이행했으며, 이들의 메시지는 마치 인간들이 그것을 잊어버리거나 잊어버리기를 원치 않았다는 듯이, 오랜 시간에 걸쳐 면면히 이어지고 있다. 이들 철학자들은 지상의 모든 문화권이 낳은 건축가, 화가, 음악가들과 동등한 자격으로 세계의 문화유산을 구성한다.

이제 집으로 돌아갈 채비로 마음이 급해진 우리의 머릿속에서 이들의 이름과 개념, 이론 등은 벌써 가물거리기 시작한다. 그래도 상관없다. 해변에서 철학하기에 있어 반드시 알고 넘어가야 할 요점이나 그를 테스트하는 필기시험 따위는 없을 테니까.(적어도 이번만은…) 철학은 이름들을 죽 적어놓은 명단도 아니고, 패키지로 묶은 전체주의적인 지식도 아니다. 철학은 서로 간에 연관이라고는 없는 사유들의 컬렉션이 아니다. 마음대로 끼워 맞추는 이론들을 파는 시장도 아니다. 일견 다채로워 보이는 철학은 언제나 그 논리와 문장, 리듬을 분간해낼 수 있는 역사적 맥락 속에 자리 잡고 있다. 그 지층에는 나름의 조직망과 은밀한 뿌리들이 있다. 그러니 좀 더 멀리 탐색에 나설 수도 있다. 하지만 철학은 속성상 길 잃을 위험을 항시 내포하고 있으므로, 그 탐색이 개인으로서의 단일성을 완전하게 해줄 수 있을 때라야 정당화된다. 음악학도 분명 대단히 흥미로운 분야이긴 하지만, 무엇보다 먼저 음악에 열려 있어야 한다는 전제가 가장 중요한 것과 마찬가지 이치이다.

해변에서 철학을 하는 동안 가장 중요했던 것은 자신을 쌓아올리기 위해 필요한 지표를 모색하고 찾아내는 일이었다. 우리는 홀로 이 같은 작업에 몰두하지만, 실상 우리는 혼자가 아니다. 자신만의 사유를 펼칠 때도, 우리는 결코 영점에서 출발하지 않는다. 이 역시 인간조건이 가진 역설이다. 가장 개인적인 사유는 다른 사람들과 함께, 다른 사람들에 반(反)해 펼쳐진다는 말이다.

우리의 항해에는 모든 것을 알고 있다는 오만과 맹신의 위험이 뒤따른다. 이 둘 사이에 우리가 자신만의 독창성을 확립함으로써 마침내 다른 사람들에 의해 직조되기를 멈추는 공간이 펼쳐진다. 요컨대 이 통합적 단일체야말로 우리가 추구해야 할 목적이자, 시도해야 할 경험이다. 자신의 단일체를 구축하는 일은 철학을 통합하는 일만큼이나 지난하다. 우리는 전통을 이어가는 가운데에서, 사회 안에서 자유롭다. 그리고 이러한 자유를 풍요롭게 만들고 전수하는 일 또한 우리의 몫이다.

사유하는 것은 사랑하고 지식을 쌓는 일과 마찬가지로 어느 날 하늘에서 뚝 떨어지지 않는다. 사유를 잉태해준 어머니와 아버지, 학파, 시대 없이 저절로 이루어지지 않는다. 그런 것들이 없다면, 우리는 과연 세상에 열려 있을 수 있을까? 오늘날, 이러한 토대의 붕괴는 인간조건에 내재하는 으뜸가는 요소인 미완의 성격을 강화한다. 가족 관계며 제도는 완전히 와해되기에 앞서 근시안적이며 따라서 의존적인 개인들을 양산해냈다. 인간은 인간을 이끈다. 이 같은 배움의 과정은 끝이 없는 만큼 더 더욱 결정적이라고 말할 수 있다.

해변으로 떠나는 것은 사물을 다른 방식으로 바라보고, 스스로 변화하기를 원하는 것이었다. 그렇다고 해서, 해변에 머무르는 동안 우리가 정신의 전문가가 되었다거나, 확신에 찬 현자, 평생 한 명 나올까 말까 한 예술가, 영웅적 삶의 초인, 계시를 얻은 신자가 된 것은 아니다. 우리는 다만 반(反)

지식과 의심, 허약성, 실패, 불신앙 따위에 열림으로써, 그것들이 진정한 우리의 실존 조건을 구성하고 있음을 인정했다.

이 같은 열림을 통해, 있는 그대로의 우리 모습이 드러나거나 일깨워졌다. 우리는 이미 존재하던 것에 대해 처음으로 배우거나 다시 배웠다. 우리는 자신의 기원으로, 존재와 자아에 공통된 근원으로 되돌아갔다. 사실 우리가 길을 잃고 불행한 건, 일상적 삶이 세계와 자아가 되살아나는 경험으로부터 떼어놓았기 때문이다. 생활에 수반되는 각종 활동에 치여서 혹은 각종 오락거리에 정신이 팔려서 원초적인 의무를 저버릴 우리는 불행하다.

그러므로 철학하는 행위는 결코 스스로를 가두는 법이 없다. 철학을 한다는 것은 끊임없이 무언가에 입문하고, 무한히 배움을 새롭게 하며, 자신에게 실존을 제공하고 실존에게 자신을 내어주는 일이다. 존재의 경험이 이루어지는 순간, 존재는 우리를 새로이 만들어낸다.

해변에서, 우리는 늘 새롭게 태어나는 상태의 철학에 친숙해졌다. 장막이 내리기 직전, 실존의 빛이 주어지는 찰나의 순간, 우리는 유일한 무엇인가를 보고 또 볼 수 있다. 예기치 않았던 이 순간에 우리는 환한 한 조각의 미소, 몇 개의 악절에 감동받거나, 바다 위로 번지는 여명 등으로 가슴이 벅찬 상태에서 영원성에 접근한다. 동서고금을 막론하고 지구상에 존재하는 모든 철학은 이 같은 접근의 순간에 대해 언급한다. 이 점이야말로 과학이며 종교, 정치권력뿐 아니라 철학을 무력화하고 억압하기 위한 상업적 이성의 무차별적 공격에도 불구하고, 어째서 철학이 여전히 현재진행형이며 항상 새롭게 태어날 수 있는지 말해준다.

하지만 존재의 경험은 바캉스의 즐거움이 그렇듯, 지속되지 않는다. 역설적으로, 존재의 경험은 이처럼 일시적이며 빨리 지나가는 까닭에 생생하고 이로운 것이다. 우리는 존재의 경험을 위해 훈련을 할 수는 있으나 그것이 결실을 거두리라는 보장은 없다. 더구나 존재의 경험은 안정적인 상태이거나 자신과 반드시 일치하는 것이 아니다. 그것은 개인별로, 기회별로 다르다. 우리는 해변에서 이 같은 예외성에 열려 있어야 했다. 그리고 이제 이 같은 예외성의 괄호를 일시적으로 닫아놓아야 한다.

바로 이 점이 우리가 해변을 떠나 도시로 돌아가고, 다시 귀가하여 이제껏 해오던 활동을 재개해야 하는 이유를 설명해준다. 철학은 세상을 벗어나 존재할 수 없다. 철학자는 은둔자도, 자기 시대의 흐름에 무심한 현자도 아니다. 철학자는 아무 곳에도 있지 않기에 모든 곳에 있다. 이제 행동하고, 결정하고, 자신이 몸담은 도시를 위해 뛰어들고, 자신의 자유 그리고 마찬가지 얘기가 되겠지만, 다른 사람들의 자유를 지키고, 약자를 보호하고, 해결책을 찾고, 우리의 지구가 파괴되는 것을 저지하고, 시장의 파괴적인 활동을 막아야 한다. 요컨대 수천 년 전부터 이어져온 인간화 작업을 무한히 지속해나가야 한다. 철학자가 자주 멈출 때마다, 우리는 다시금 이해하기 힘든 어둠의 나락으로 떨어진다. 그런데 우리는 포기와 퇴행을 거듭하는 와중에도 여전히 거기, 세상에 존재한다. 우리를 세상과 대면케 하는 이 존재감을 받아들여야만 한다.

플라톤은 그 유명한 우화를 통해, 철학을 한다는 것은 인간이 동굴, 가령 오늘날 미디어에 의해 야기된 미몽상태를 예견케 하는 메커니즘에 따라 인간을 환상 속에 가둔 그 동굴에서 나오는 것이라고 설명한다. 동굴에 갇힌 포로들은 동굴 벽에 투영된 그림자들을 실재로 여긴다. 플라톤에게 있어서 철학을 한다는 것은 우선 이 동굴로부터 벗어나고, 그런 다음 진정한 빛의 발원지 쪽으로 향하는 일이다.

이 같은 노력의 첫 번째 단계는 동굴 벽이란 영사막 위에 사물의 그림자를 던지는 광원을 찾는 일이다. 두 번째 단계는 포로 상태에서 일순간 풀려난 인간이 눈이 부신 가운데 태양 그 자체를 발견하는 일이다. 세 번째 단계는 태양에 시선이 익숙해지는 일이다. 네 번째 단계도 있다. 바로 '철학자'가 다시 동굴로 내려가 다른 사람들 곁에 자리를 잡는 일이다.

집으로 돌아오는 길에 터널과 환한 도로가 번갈아 이어진다. 그에 따라 우리 눈은 보이지 않는 상태, 눈이 부신 상태를 서로 교차한다.

해변 이후의 세계도 있으니, 그곳에서는 두 눈을 크게 뜨고 살아야 한다.

햇빛 속의 후기

이제 몇 주 후면 가을이다. 해변은 저만치 우리 뒤로 물러날
것이다. 분주한 활동과 예상치 못한 장애, 진을 빼는 근심걱
정 따위로 마음의 여유는 사라지고, 새 일을 시작할 엄두는
나지 않을 것이다. 계절이 바뀌니 당연히 날씨도 달라질 테
고. 해변도 10월의 태풍에 내팽개쳐진 채 성난 파도로 휩싸
일 것이다. 그맘때면 우리가 여름 동안 이룬 것 중 그 무엇도
남아 있지 않을 것이다. 우리는 또 다시 어둠과 추위 속으로
등 떠밀릴 것이다. 이렇듯, 여름휴가는 눈 깜짝 할 사이에 지
나가 버리고, 작렬하는 철학의 태양도 어쩌다 한 번씩 간헐
적으로만 빛을 발한다.

　　이를 애석해 해야 할까? 근심해야 할까? 어쨌거나 우리
가 머무르고자 했던 해변은 언제고 낯선 모습으로, 이른바
'미지의 땅(terra incognita)'으로 남아 있게 될 것이다. 하긴, 언
제 우리가 그 땅에 제대로 발을 들이밀기나 했던가? 우리가
정말로 그곳에서 지냈던가? 우리가 여름을 보낸 공간은 경

계선도, 지붕도, 구체적인 지면도 없고, 토지세를 낼 필요도 없는 곳이었다. 그곳은 우리의 소유권 따위는 초월하는 바람과 거품의 장소였다.

그러니 우리는 그곳을 떠난다고 해서 굳이 슬픔이나 향수를 느낄 것도 없다. 해변은 그저 가능한 장소, 가능성의 장소였을 따름이다. 그곳은 우리가 언제라도 떠날 수 있는 자유로 연명하는 공간이었다. 이제 우리는 마치 재건의 꿈에서 깨어나듯 그곳으로부터 되돌아온다.

그렇긴 하지만, 이 공간이 사라진 것은 아니다. 이 공간은 비록 부활하지는 못하더라도 시련과 위기의 어스름한 그늘 속에 살아남는다. 그 공간은 사소한 계기로 언제든 깨어날 수 있다. 자유롭고 활동적이며, 깨어 있는 동시에 신뢰할 수 있고, 자신과 화해하고 끊임없이 공동체를 찾아나서는 사유활동만으로도 그 공간을 깨우기에 족하다. 해변은 우리에게 태양이라는 원천을 되찾는 기회를 제공했다. 우리 안에서 그 원천이 태어나게 하고 또 그 안에서 우리 자신이 깨어나기 위한 조건을 찾을 수 있는 기회. 그건 바로 우리가 이 철학의 해변에서 우리에게 열린 상태로 깨어난 덕분이다.

"철학하지 않고 산다는 것은 눈을 떠볼 생각이라고는 없이 두 눈을 질끈 감고 사는 것이다."

데카르트가 《철학의 원리》 서문에서 한 말이다. 데카르트는 철학을 하지 않는다면, 우리는 그저 저급한 인간, 짐승, 야만인에 불과하다고 말한다. 길을 잃고 배회하며, 쉽게 조종당하고 학대받는 어린아이에 불과할 따름이다. 자기 자신의 가장 중요한 부분을 절단 당한 불구자 내지는 불완전한 존재에 불과하다.

철학을 한다는 것은 인간의 잉태를 완수하는 일이다. 그것은 자기 자신으로 태어나는 일이고, 두 눈을 부릅뜬 채 자신을 지켜보며 삶을 영위하는 일이며, 삶의 힘과 가장 가까운 거리에서 성찰을 가꿔나가는 일이다. 하지만 이처럼 기이한 활동은 자신의 성격이나 성질을 보다 잘 인식한다는 의미에서의 자신의 배양만으로 제한될 수 없다. 이런 활동은 확실히 힘과 신뢰를 가져다준다. 스스로를 위로하고 보호하게 해준다. 또한 철학활동은 우리가 가능성 그 자체, 즉 세상에 던져진 자유의 원자라는 사실을 드러낸다.

철학활동은 우리로 하여금 보편성에 도달하도록 해준다. 그 보편성이란 자기애적이며 개인적인 차원을 뛰어넘긴 하지만 우리 안에 존재하며, 우리가 앞으로 펼쳐나가야 할 현실을 지칭한다. 우리는 자신이 진정으로 창조되는 이 공간에 열려 있음으로써, 비로소 태어나서 변모하고 인간으로서 가야할 길을 완성할 수 있다.

오늘날 철학활동은 위협받고 있다. 대부분의 문화유산이 그렇듯, 퇴색을 거듭하는 중이다. 철학활동은 시간낭비이고, 반박이나 일삼고, 저항하고, 불협화음이나 만들어내는 것으로 치부된다. 어쩌면 당장 내일이라도 철학활동이 불가능해질지 모른다. 어쩌면 유전공학자들이 사전에 프로그램화된 사유만 하는 태아를 발명할지도 모르고, 기술의 위력이 지적 영역을 독점할지도 모른다. 이미 그런 조짐이 나타나고 있으니까.

세계화가 가속화되고 있는 오늘날, 종교가 인간적 장으로 화려하게 귀환했다. 아우구스티누스 성자와 파스칼이 이미 오래 전부터 말하길, 신앙을 갖기 위해서는 정신을 배양할 필요가 없고, 그저 맹목적으로 순응하기만 하면 족하다고 했다. 거대 시장과 종교는 같은 방향으로 나아가는데, 이 둘은 공통적으로 사유의 자유가 빠르게 쪼그라들길 바라는 편향된 노력을 기울이고 있다.

그러나 이 같은 상황은 의기소침과 자포자기 분위기를 조장하는 대신, 내밀한 개인적 차원은 물론 사회적 차원에서의 철학의 발전을 활발히 촉구한다. 우리는 해변에서 철학적 발전을 위한 다양한 입구를 마련했다. 우리는 해변에 머무르는 동안 인간적 가능성의 작업장을 엿보았다. 앞으로 도래할 것들, 사멸하기를 거부하는 것들의 작업장이기도 하다. 그곳에서 우리는 흔쾌한 명징성에 눈을 뜨고, 일시적이지만 강렬한 행복에 눈을 뜬다.

이제 내년에는 더 많은 사람들이 해변으로 찾아와 철학에 몰두하기를 바라는 일만 남았다.

겨울을 건너기 위한 책들

미셸 드 몽테뉴, 《몽테뉴 수상록》, 동서문화동판, 2007.
미셸 푸코, 《비판이란 무엇인가?》, 동녘, 2016.
미셸 푸코, 《주체의 해석학》, 동문선, 2001.
스피노자, 《에티카》, 책세상, 2006.
시몬 드 보부아르, 《그러나 혼자만은 아니다》, 꾸리에북스, 2016.
아리스토텔레스, 《니코마코스 윤리학》, 숲, 2013.
알베르 카뮈, 〈결혼〉, 《알베르 카뮈 전집 1》, 책세상, 2013.
임마누엘 칸트, 《영구 평화론》, 서광사, 2008.
카를 야스퍼스, 〈철학입문〉, 《동서문화사 월드북 71》, 동서문화동판, 2009.
프리드리히 니체, 《차라투스트라는 이렇게 말했다》, 민음사, 2006.
플라톤, 《플라톤의 국가》, 서광사, 2005.
플라톤, 《테아이테토스》, 도서출판 숲, 2017.
플라톤, 〈소크라테스의 변론〉, 《원전으로 읽는 순수고전세계》, 도서출판 숲, 2012
피에르 아도, 《고대 철학이란 무엇인가》, 열린책들, 2017.

François Jullien, *Nourrir sa vie: à l'écart du bonheur, Points essais*, Seuil, 2005.

Jean Brun, *Épicure et les épicuriens, Les Grands Textes*, Presses universitaires de France, 2010.

Jean Voilquin(dir.), *Penseurs grecs avant Socrate: de Thalès de Milet à Prodicos, GF Philosophie*, Flammarion, 1995.

Maurice Merleau-Ponty, *Éloge de la philosophie et autres essais, Folio essais*, Gallimard, 1989.

Pierre-Maxime Schuhl(dir.), *Les Stoïciens (vol. I et II), Tel*, Gallimard, 1997.

René Descartes, *OEuvres et lettres, Bibliothèque de la Pléiade*, Gallimard, 1970.

휴가지에서 읽는 철학책

2017년 7월 21일 초판 1쇄 | 2017년 8월 10일 4쇄 발행

지은이 · 장 루이 시아니
옮긴이 · 양영란

펴낸이 · 김상현, 최세현
책임편집 · 김형필, 조아라 | 디자인 · 임동렬
마케팅 · 권금숙, 김명래, 양봉호, 임지윤, 최의범, 조히라
경영지원 · 김현우, 강신우 · 해외기획 · 우정민
펴낸곳 · (주)쌤앤파커스 | 출판신고 · 2006년 9월 25일 제406-2006-000210호
주소 · 경기도 파주시 회동길 174 파주출판도시
전화 · 031-960-4800 | 팩스 · 031-960-4806 | 이메일 · info@smpk.kr

© 장 루이 시아니(저작권자와 맺은 특약에 따라 검인을 생략합니다)
ISBN 978-89-6570-485-0 (03100)

• 이 책은 저작권법에 따라 보호받는 저작물이므로 무단전재와 무단복제를 금지
하며, 이 책 내용의 전부 또는 일부를 이용하려면 반드시 저작권자와 (주)쌤앤파
커스의 서면동의를 받아야 합니다.
• 이 책의 국립중앙도서관 출판시도서목록은 서지정보유통지원시스템 홈페이지
(http://seoji.nl.go .kr)와 국가자료공동목록시스템(http://www.nl.go.kr/kolis
net)에서 이용하실 수 있습니다. (CIP제어번호: CIP2017015657)
• 잘못된 책은 구입하신 서점에서 바꿔드립니다.   • 책값은 뒤표지에 있습니다.

쌤앤파커스(Sam&Parkers)는 독자 여러분의 책에 관한 아이디어와 원고 투고를 설레는 마음
으로 기다리고 있습니다. 책으로 엮기를 원하는 아이디어가 있으신 분은 이메일 book@smpk.
kr로 간단한 개요와 취지, 연락처 등을 보내주세요. 머뭇거리지 말고 문을 두드리세요. 길이 열
립니다.